Einheit der Schrift
Stephan Effenberger

AF239624

EdS-Verlag

Einheit der Schrift

Eine Möglichkeit
die Tora und die Propheten Israels,
das Evangelium und den Koran
als das vollständig erhaltene,
ungefälschte und widerspruchslose
Wort GOTTES *zu verstehen*

Stephan Effenberger

Bibliografische Information der Deutschen Nationalbibliothek
Die Deutsche Nationalbibliothek verzeichnet diese Publikation in der
Deutschen Nationalbibliografie; detaillierte bibliografische Daten sind
im Internet über http://dnb.d-nb.de abrufbar.

© 2006 EdS-Verlag, München
4. Auflage 2011
Alle Rechte vorbehalten. EdS-Verlag, einheit-der-schrift.de
Lektorat & Gestaltung: Claudia Troßmann, trossmann.eu
Druck: Books on Demand GmbH, Norderstedt
ISBN: 3-939854-01-8
ISBN: 978-3-939854-01-2   –   7,95 € [D]

Inhalt

Einheit der Schrift

Die Tora und die Propheten Israels,
das Evangelium und der Koran

K<small>ORAN</small>
Prophet Muhammad

E<small>VANGELIUM</small>
Jesus Christus

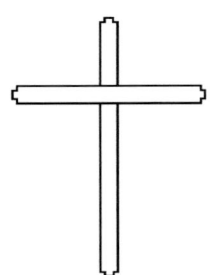

T<small>ORA</small> und B<small>IBEL</small>
Moses und Propheten Israels

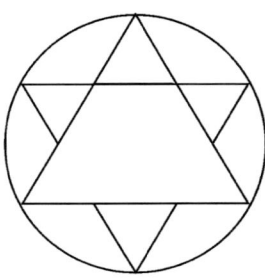

Vorgeschichte

Not macht erfinderisch, könnten böse Zungen behaupten. Denn der eigentliche Grund für das intensive Bemühen und Erforschen der Heiligen Schriften durch den Autor war der Wunsch nach einer Ehe mit einer muslimischen Frau, ohne dabei die eigenen christlichen Wurzeln aufgeben zu müssen. Doch was dabei herauskam, war eine Erkenntnis, die mit nichts aufzuwiegen scheint: Die Heiligen Schriften von Juden, Christen und Muslimen lassen sich nicht nur irgendwie unter einen Hut bringen, im Sinne von „Synkretismus", nein, sie bilden vielmehr eine Einheit.

Mit dieser Erkenntnis konnte der Autor für sich guten Gewissens den islamischen Glauben, welcher seiner Überzeugung die Bibel als verbindliche Grundlage mit einschließt, an der Universität von Al-Azar in Kairo im August 2002 annehmen. In dem darauffolgenden Jahr bereiste er dann im Juli/August Israel. Besonders gefiel ihm Jerusalem, die Stadt, in der alle drei Religionen nebeneinander existieren. Doch leider erschien ihm diese Stadt wie auf eine gespenstische Weise geteilt. Wie sehr diese Teilung durch den Glauben bedingt ist, wurde ihm erst dort richtig bewusst.

Durch die Tora und das Evangelium und den Koran, die alle für ihn inzwischen gleichermaßen das Wort GOTTES bedeuteten, hatte er keine Probleme mehr, mit Juden den Sabbat zu feiern, mit Muslimen auf dem Tempelberg zu beten und sich in seiner christlichen Unterkunft an der Gemeinschaft mit seinen Mitbewohnern zu erfreuen.

Wie leicht ließen sich diese beklemmend voneinander abgeschotteten Parallelgesellschaften überwinden und wie wunderbar würden sich die Praxis und Tradition dieser Gemeinschaften ergänzen.

Und wäre diese Einsicht nicht der Schlüssel, damit der Konfliktherd „Naher Osten" endlich zur Ruhe käme?

Auf weiteren Reisen zu Veranstaltungen des interreligiösen Dialogs in Deutschland, Frankreich und Italien, konnte der Autor erkennen, wie groß der Wunsch nach Gemeinsamkeit ist. Er konnte jedoch bis heute niemanden finden, der die Heiligen Schriften als Einheit liest oder in der Praxis entsprechend umsetzt. Auch in der Literatur fehlt ein vergleichbarer Ansatz. Doch gerade hierin sieht der Autor die große Faszination, wie auch die persönliche und gesellschaftliche Heilsbedeutung der Heiligen Schrift.

Durch diesen Eindruck gestärkt, machte er sich also daran, seine Erkenntnisse zu Papier zu bringen.

Vorwort

Ich möchte Sie herzlich im Namen des GNADENVOLLEN und BARMHERZIGEN HERRN grüßen und Ihnen SEINEN Frieden und Segen wünschen.

Für Ihr besseres Verständnis zunächst einige Hinweise: Wenn ich von den „Heiligen Schriften" sprechen werde, so spreche ich von der jüdischen (hebräischen) Bibel – Juden bezeichnen diese auch als „Tanach" –, dem Evangelium einschließlich der Apostelgeschichte und dem Koran.

Die jüdische Bibel entspricht dem, was Christen heute als „Altes Testament" bezeichnen. Abgesehen von einigen weiteren Büchern, welche von der katholischen und orthodoxen Kirche – Martin Luther hielt sich wieder an die jüdische Bibel – dem „Alten Testament" hinzugefügt worden sind.
Die jüdische Bibel beginnt, wie auch das „Alte Testament", mit der *Tora*, den fünf Büchern Mose. Die Bedeutung dieses Teils der Schrift wird im Judentum hervorgehoben, indem die Tora auf Pergamentrollen niedergeschrieben, und an einem besonderen Ort aufbewahrt wird. Die Namen der fünf Bücher Mose sind auf Hebräisch: Bereschit, Schemot, Wajikra, Bemidbar und Dewarim; auf Lateinisch: Genesis, Exodus, Levitikus, Numeri und Deuteronomium.

Zudem beinhaltet die jüdische Bibel neben der Tora (Lehre, Weisung) zum einen die „Bücher der Propheten", die sich wiederum aufteilen lassen in die „Bücher der Geschichte": Josua, Richter, Samuel 1 und 2, Könige 1 und 2, und in die „Bücher der Kündigung": Jesaja, Jeremia, Ezechiel, Hosea, Joel, Amos, Objada, Jona, Micha, Nahum, Habakuk, Zefanja, Haggai, Sacharja und Malachi.

Zum anderen die „Schriftwerke": Die Psalmen, Sprichwörter, Hiob, das Hohelied, Rut, Klagelieder, Kohelet, Ester, Daniel, Esra, Nehemia und die Chronik 1 und 2. Ich spreche bei dem der Tora folgenden Teil der jüdischen Bibel einfach von den „Propheten Israels".

Mit dem *Evangelium* bezeichne ich die vier Evangelien nach Matthäus, Markus, Lukas und Johannes. Meiner Überzeugung nach werden neben der Tora und den Propheten Israels nur diese Evangelien durch den Koran als unverfälschtes Wort GOTTES bestätigt, wie ich im Kapitel III.1. erkläre.

Ich bitte Muslime um Verständnis, dass ich den Namen GOTTES im *Koran* – ALLAH – abweichend vom Originalzitat in für Christen und Juden vertrautem „GOTT" übersetzt habe.

Ich zitiere nach folgendem Schema: Bei einem Zitat aus der Bibel zum Beispiel: „..." (Gen 4,7) für die Abkürzung des Namens des Buches, die Zahl des Kapitels vor, und die Zahl/en des/der Verse/s nach dem Komma; bei einem Zitat aus dem Koran zum Beispiel: „..." (II 256) für die römische Zahl der Sure, und die Zahl/en des/der Verse/s; bei einer sonstigen Quelle: „..." (Verfasser und Seite/n, oder falls dies nicht möglich ist, Titel der Quelle und Seite/n). Die genauen Quellenangaben befinden sich am Ende dieser Ausführung.

Zitatstellen, welche mir wichtig erscheinen, habe ich „*kursiv*" hervorgehoben. Aufgrund der vielen unterschiedlichen Informationen, die bereits ein kleiner Vers enthalten kann, sollte dies zum besseren Verständnis beitragen.

Gegenüber dem Originalzitat hebe ich die Namen und die Ansprache GOTTES in besonderer Schreibweise hervor.

Eigene Anmerkungen und Textauslassungen [...] innerhalb der Zitate, mache ich mit eckigen Klammern deutlich, während ich Anmerkungen aus dem Originalzitat,
zum Beispiel des Übersetzers, in runden Klammern belas-
sen habe.

Bitte informieren Sie mich, wenn Sie im Vergleich mit
den oben genannten Heiligen Schriften in dieser Erklärung etwas für nachweislich falsch erachten.
E-Mail: se.eds@web.de

Viel Erkenntnis, Freude und Licht wünsche ich Ihnen aus
München im August 2006.

Stephan Effenberger

Einleitung

Im Gespräch mit Muslimen, Christen und Juden wurden mir viele Gründe genannt – die wichtigsten davon in Kapitel II –, warum die Tora und die Propheten Israels, das Evangelium und der Koran nicht verbunden werden können.

In Kapitel I möchte ich veranschaulichen, dass die Heiligen Schriften nicht nur viele Gemeinsamkeiten haben, sondern einander sinnvoll ergänzen, und welche Möglichkeit darin liegt, die Schriften als „Einheit" zu lesen.

In Kapitel II versuche ich zu verdeutlichen, dass gerade jene Stellen der Schriften, die so widersprüchlich erscheinen, besonders wichtige Stellen sind, über die es sich nachzudenken lohnt. Sie vertiefen das Verständnis für die Schrift in ganz wesentlichen Punkten, wobei die zunächst unüberwindbar erscheinenden Widersprüche auflösbar werden.

In Kapitel III geht es mir darum zu zeigen, dass es nicht nur einen Weg gibt, die Schriften ohne Widerspruch zu lesen, sondern dass jede Schrift für sich das Vorangegangene als Grundlage voraussetzt und das Nachfolgende mit einbezieht. Die Tora ist dabei der Anfang und der Koran der Abschluss der Offenbarung.

Was jedoch klar zu trennen ist, sind die Unterschiede in der Lehre der einzelnen Religionen, die auf die jeweiligen Schriften aufgebaut wurden. Vor allem diese Lehren lassen es unmöglich erscheinen, die Schriften zu verbinden.

Aber haben Sie bitte keine Angst, durch die Annahme der „Einheit der Schrift" wären die Theorie und die Praxis für den Einzelnen nicht zu bewältigen.

Im Gegenteil, die Praxis bekommt einen in jeden Alltag passenden Rahmen und es wird möglich, Antworten auf viele Fragen zu bekommen, die der heutige Islam, das Christen- und Judentum für sich allein nicht geben können.

Im Vordergrund sollte dabei auch immer der im Koran ausgedrückte, von einigen Staaten mit islamischer Staatsreligion meiner Meinung nach bis heute leider schlecht umgesetzte Grundsatz stehen: „Kein Zwang im Glauben!" (II 256)

Für all diejenigen, die denken, ich würde mir nur die für meine Aussagen bedeutsamen Textstellen herausgreifen, möchte ich hervorheben, dass diese Erklärung eine Möglichkeit bedeuten sollte, die Tora und die Propheten Israels, das Evangelium und den Koran als eine in sich geschlossene und widerspruchslose Einheit zu lesen.
Es sollte keinen Satz und kein Wort mehr in einer der Heiligen Schriften geben, bei dem sich der Gedanke aufdrängt, es handle sich um eine falsche oder unzureichende Überlieferung.

Mein Wunsch und Ziel wäre, dass die Leserinnen und Leser diese mögliche einheitliche Leseweise der Heiligen Schrift letztendlich selbst überprüfen.

Hoffentlich entdecken Sie dabei eine Faszination für Schriften, welche seit Generationen von unterschiedlichen Kulturen als das unmittelbare Wort GOTTES gelehrt werden. Urquellen verschiedener Herkunft, die plötzlich zu einer Einheit werden, so einen tiefen Glauben bewirken und diese Welt in einer Einheit verbinden können, wie dies durch nichts anderes möglich ist.

I. Warum es sich lohnt, den Schriften im Ganzen zu folgen

1. Freude, Liebe und Frieden für den Menschen

Die Heiligen Schriften vermitteln vieles auf unterschiedlichsten Ebenen.

Sie sind wie Samen, aus denen Gutes erwächst, sobald sie gelesen werden, und versucht wird, danach zu handeln. Sie können immer wieder eine Stütze sein, individuelle Schwächen zu überwinden. Dabei hat jede Schrift einen Schwerpunkt und diese ergänzen sich.

Um dies zu verdeutlichen, möchte ich *die Symbole* der drei Schriftreligionen betrachten, und eine mögliche Deutung dieser Symbole, die deren *Schwerpunkt* und Zusammenhang sehr schön erklären können.

Der *Davidstern,* als Symbol für Israel und das Judentum, findet sich in Indien als Symbol für die *Erde.*

Die *Tora* beginnt mit der Erschaffung der *Erde.*
In der Tora zeigt GOTT, welcher *Ort* IHM heilig ist.
Die Tora regelt das Zusammenleben auf der Erde durch *Gesetz und Gebote.*

Es geht dabei nicht nur um den Erlass von Gesetz und Geboten, sondern auch um die Verkündigung von Segen und Fluch für das Halten bzw. Nichthalten der Gebote.

Die Geschichte des jüdischen Volkes, die diesen Segen und den Fluch vor Augen führt, ist das zentrale Thema der Tora und der jüdischen Bibel.
Damit kann die Tora wie eine Stütze wirken. Sie fördert Regeln zu halten, was für das gesellschaftliche Zusammenleben unverzichtbar ist.

Dass der Einzelne im Halten der Gebote nicht besonders stark ist, symbolisiert bereits die Vertreibung von Adam und Eva aus dem Paradies, durch den Bruch des damals einzigen Gebotes, nicht von dem „Baum der Erkenntnis" zu essen.

Das Einhalten von GOTTES Gesetz und Geboten erzeugt zum einen *Gerechtigkeit*, zum Beispiel kein Mord, kein Diebstahl, keine Lüge, zum anderen *Erfolg* in den eigenen Bemühungen durch das Erlernen von *Disziplin und Ordnung.*
Der „Pflicht" des Gebotehaltens steht aber auch das „Recht" auf *irdische Freude* gegenüber. Denn alles, was nicht vermieden werden sollte, ist erlaubt, sogar erwünscht. Bei all diesen Freuden ist es möglich davon auszugehen, dass diese nicht auf Kosten der Mitmenschen, der Umwelt, uns selbst oder unserer Hinwendung zu GOTT sind. Denn das ist nach meiner Überzeugung der tiefere Sinn aller Ge- und Verbote.
In keiner Gemeinschaft erlebe ich in der religiösen Praxis so viel *Freude* wie in der Jüdischen. Gemeinsam essen und singen, sogar tanzen, sind hier fester Bestandteil.

Das zentrale Symbol der Christen ist das *Kreuz.*

Es fällt nicht schwer, sich dieses als *Mensch* mit ausgestreckten Armen vorzustellen.

Das *Evangelium* setzt den Menschen in den Mittelpunkt. Es fordert die Hingabe zum Nächsten wie keine andere Schrift. Wer im Alltag versucht, sich ein Beispiel an der kompromisslosen Nächstenliebe zu nehmen, die Jesus Christus im Evangelium vorlebt, der kann feststellen, dass Geben tatsächlich seliger ist als Nehmen.
Wenn die „Pflicht" im Evangelium der *Dienst am Nächsten* ist, so ist gleichsam das „Recht" die (Nächsten-)

Liebe, für welche sich das Herz öffnet. Damit ist nicht nur die partnerschaftliche Liebe gemeint, die genauso Freude ist, sondern die nicht an persönliche Erwartungen geknüpfte Liebe zu unseren Mitmenschen, aber auch zu unserer Umwelt und natürlich zu GOTT.

Das Symbol der Muslime, *Halbmond und Stern,* zeigt den (Nacht-)Himmel, das Universum, den Ort, der mit GOTT im Besonderen verbunden wird.

Der *Koran* führt in aller Deutlichkeit zu GOTT, dem Ursprung aller Schöpfung. Der Koran ist so eine große Hilfe in der Vertiefung des Glaubens an GOTT und in der Umsetzung des höchsten Gebotes auch der Tora und des Evangeliums: „Darum sollst du den HERRN, deinen GOTT, lieben mit ganzem Herzen, mit ganzer Seele und mit ganzer Kraft" (Dtn 6,5; vgl. Mt 22,37, Mk 12,30, Lk 10,27), und: „sollst du [...] IHM allein *dienen."* (Mt 4,10)

Worin der *Koran* festigt, ist der GOTTES-*Dienst.*
Bei den für die Befolgung des Islams maßgeblichen „fünf Säulen", den bereits durch Prophet Muhammad auf diese Weise erklärten wichtigsten Anforderungen an das Denken und Handeln eines Muslims (vgl. auch *Von der Sunna des Propheten*, S.424), handelt es sich allesamt um GOTTES-*Dienst:*
–   Der Glaube an den Einen GOTT,
–   das fünfmalige tägliche Gebet zu GOTT,
–   die Wallfahrt zum Hause GOTTES,
–   das Almosen für GOTT (und zum Wohl der Menschen) und
–   das Fasten für GOTT (und zum eigenen Wohl).

Was aus dem GOTTES-*Dienst* erwächst, besonders durch das Gebet, ist eine Verbundenheit mit GOTT und innerer *Friede.*

Anmerkung: Die Worte „Muslim" und „Islam" bedeuten einfach: sich GOTT zu ergeben oder hinzugeben. „Islam" beinhaltet aber auch „Frieden" und „Ganzheit".

Natürlich geht es bei allen drei Schriftreligionen um die Welt bzw. die Erde, den Menschen und um GOTT.
Und doch scheint es mir möglich, diese Schwerpunkte in den Schriften wieder zu finden, so wie die Symbole der Religionsgemeinschaften es ausdrücken. Im Gespräch mit Juden, Christen und Muslimen zeigt sich jedoch häufig die Haltung: „Unsere Schrift ist ausreichend!" Zumal, wie ich auch hier zu zeigen versuche, jeder etwas in seiner Religion findet, was der andere nicht hat. Doch bei einem Blick in die Welt könnte deutlich werden, welchen großen Nutzen die Schriften für die Menschen bedeuten.

Ich kann hier nur meinen eigenen Eindruck wiedergeben, den ich bei meinen Reisen in Länder mit islamischer Staatsreligion und nach Israel gewonnen habe, aber vielleicht können die Leserinnen und Leser nachvollziehen, wenn ich frage:
– Ist das kleine Israel nicht vergleichsweise gut organisiert und erfolgreich?
– Gibt es innerhalb der Länder mit vorwiegend christlicher Tradition nicht etwas mehr Rücksicht auf Umwelt und Soziales?
– Ist GOTT in Ländern mit islamischer Staatsreligion nicht viel gegenwärtiger?

Warum aber ist im Abendland der „Atheismus" so verbreitet, bzw. mangelnder Glaube an GOTT, während im Morgenland der „Fundamentalismus" so auffällig ist, bzw. mangelnde Rücksicht auf den Menschen? Veranschaulicht dies nicht auch, welche Wirkung die Schriften entfalten, auch bei Menschen, welche heute die Schriften überhaupt nicht oder nur unzureichend lesen?

Vielleicht ist auf diese Weise erkennbar, welche Hilfe die Schriften bedeuten, um fest zu werden in:

- *dem Halten der Gebote* oder der Fähigkeit, das Leben zu strukturieren und zu organisieren und sich gesellschaftlichen Regeln anzupassen.
- *dem Dienst am Nächsten* oder dem Respekt und der Liebe zu unseren Mitmenschen und unserer Umwelt.
- *dem* GOTTES-*Dienst* oder dem Respekt und der Liebe zu GOTT.

Und nicht zu übersehen, was daraus erwächst:

- die *Freude* an allem Schönen und Guten, das sich verträgt mit unseren Mitmenschen und unserer Umwelt, uns selbst und unserer Hinwendung zu GOTT.
- die *Liebe* zu GOTT, unseren Mitmenschen und unserer (Um-)Welt.
- individuell der innere und als Gemeinschaft der äußere *Friede*.

Es gibt es noch weitere Gesichtspunkte, unter denen sich die Heiligen Schriften ergänzen oder aufeinander aufbauen. Ich habe zunächst aber nur diesen einen mir sehr wichtig erscheinenden Gesichtspunkt herausgegriffen.

2. Frieden für diese Welt

Ich bin der Überzeugung, dass die Anerkennung der „Einheit der Schrift" für den Frieden auf dieser Welt völlig neue Voraussetzungen schaffen würde.

Die Heiligen Schriften oder vielmehr deren Auslegung bedeuten heute noch ein großes Problem für den Weltfrieden. Da sie nicht als Einheit gelesen werden, erzeugen sie Uneinigkeit. Doch als Einheit gelesen wären die Heiligen Schriften für den Weltfrieden ein großer Segen. Plötzlich hätten die Menschen eine Grundlage, aufeinander zuzugehen und voneinander zu lernen.

Da ich selbst als praktizierender Christ mit dem Koran in Kontakt gekommen bin, weiß ich, wie schwierig es sein kann, wenn vertraute Glaubenswerte plötzlich in Frage gestellt werden. Juden und Muslime würden wohl ähnliche Erfahrungen auf sich nehmen müssen.

Heute bin ich der Ansicht, erst der Koran hat mich zur Tora und die Tora wieder zum Evangelium geführt, mit völlig neuem Verständnis. Erst jetzt kann ich dem Evangelium wirklich folgen.

Ähnlich könnte es bei Annahme der „Einheit der Schrift" für Juden in Bezug auf die Tora und für Muslime in Bezug auf den Koran sein.

Der folgende Vers des Korans lässt den Schluss zu, dass die „Einheit der Schrift" in „Vielfalt" gelebt werden darf: *„Siehe, die Gläubigen und die Juden und die Sabäer und die Christen – Wer da glaubt an* GOTT *und an den Jüngsten Tag und das Rechte tut – keine Furcht soll über sie kommen, und sie sollen nicht traurig sein."* (V 69)

3. Heilung und Gesundheit

Vor allem durch die stärker auf die Praxis bezogenen Propheten Moses und Muhammad ist es möglich, viel über Regeln zu erfahren, die dem Heil und der Gesundheit des Menschen sehr nützlich sind.

Es geht dabei vor allem um materielle und geistige Belastungen, welche die Menschen heute kaum mehr wahrnehmen. Die Propheten zeigen sehr hilfreiche Maßnahmen, sich dieser Belastungen zu entledigen oder erst gar nicht damit in Berührung zu kommen.

Bei Prophet Muhammad sind dies vor allem das Gebet und das Fasten. Jesus Christus weist auf den großen Wert von Gebet und Fasten hin (vgl. Mt 17,21; Mk 9,29), ohne jedoch klare Angaben zu machen, wie dieses auszuführen wäre.

Prophet Moses wiederum lehrt sehr wichtige Reinheitsgebote, deren Beachtung ebenso von großem Wert für geistiges und körperliches Wohlbefinden ist.

Ich sehe auch in diesem Zusammenhang eine große Bedeutung darin, die Heiligen Schriften als Einheit zu lesen. Um den vorrangig spirituellen Weg des Evangeliums gehen zu können, sollte auch die physische Grundlage gegeben sein. Ein gesunder Geist braucht einen gesunden Körper, und ein gesunder Körper braucht eine gesunde Umwelt. Der Geist aber ist wiederum der Ausgang für die Entwicklung des Leibes und der Umwelt, sodass eine Wechselwirkung besteht. Ein harmonisches Gleichgewicht von Geist, Körper und Umwelt ist also wichtig, und die beste Voraussetzung dafür schafft nach meiner Erfahrung die Verbindung der Tora, des Evangeliums und des Koran.

Da aber die Umsetzung der Praxis, welche die Propheten lehren, meistens nur dann möglich ist, wenn auch der Theorie zugestimmt wird, d.h. der Prophet als solcher erkannt und seine Ratschläge angenommen werden, möchte ich auf eine mögliche weitere Ausführung dieses Kapitel an dieser Stelle verzichten.

So wichtig die Praxis auch sein mag, um GOTT wirklich zu erfahren, und zu spüren, dass das vermittelte Wissen eine echte Hilfe ist, jetzt geht es mir erst einmal darum, die theoretische Grundlage zu erklären.

Welchen großen Segen GOTT aber in die „Einheit der Schrift" legt, was auch für den so wichtigen Punkt des Heils und der Gesundheit von Bedeutung sein sollte, lässt folgender Vers des Koran erahnen: *„Wenn sie die Tora und das Evangelium befolgten und was zu ihnen von ihrem* HERRN *hinabgesandt wurde [der Koran; die Propheten Israels], wahrlich, dann speisten sie von dem, was über ihnen und zu ihren Füßen ist."* (V 66)

Grafische Zusammenfassung von Kapitel I:

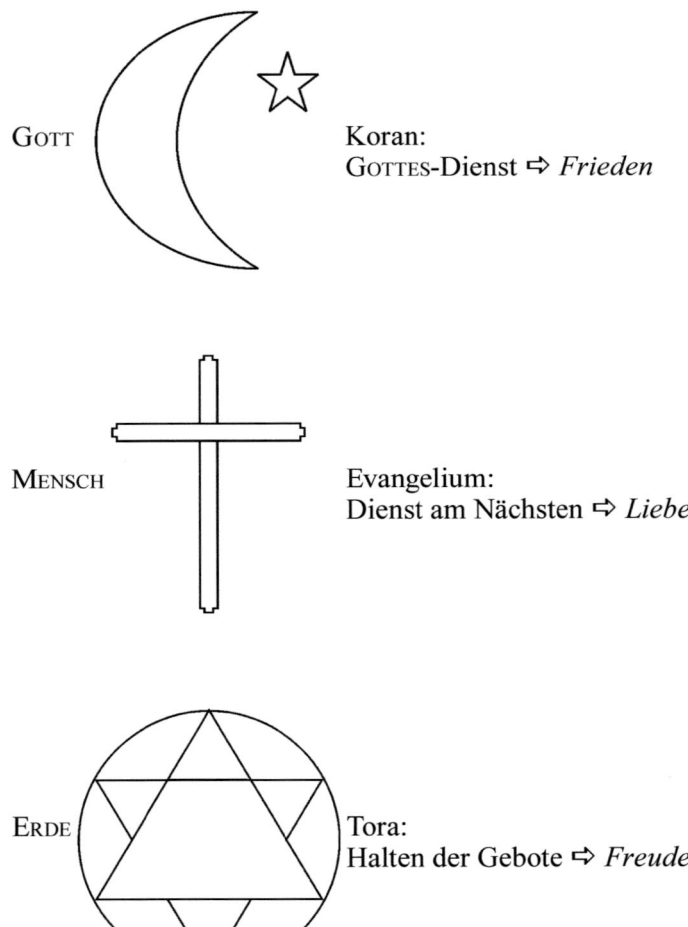

GOTT

Koran:
GOTTES-Dienst ➪ *Frieden*

MENSCH

Evangelium:
Dienst am Nächsten ➪ *Liebe*

ERDE

Tora:
Halten der Gebote ➪ *Freude*

II. Wie sich vermeintliche Widersprüche auflösen lassen

In dem Buch „Christen und Muslime – Was sie verbindet, was sie unterscheidet" wird festgehalten:
„Einer pauschalen, uneingeschränkten Anerkennung des prophetischen Anspruchs Muhammads und des Offenbarungsanspruchs des Korans und damit des Heilsanspruchs des Islam steht jedoch entgegen, dass der Koran explizit einige zentrale christliche Glaubensüberzeugungen negiert. Dieses ist zum einen der *trinitarische GOTTES-Begriff* sowie die *GOTTES-Sohnschaft* Jesu, zum anderen das historische Faktum wie auch die Heilsbedeutsamkeit des *Kreuzestodes Jesu.*"
(zitiert nach Renz, Leimgruber, S. 119)

Dasselbe Problem betrifft natürlich auch Muslime und ebenso Juden bezüglich einer Anerkennung des Evangeliums als (unverfälschtes) Wort GOTTES.

Wahrscheinlich kennen die Leserinnen und Leser das Spiel mit den Ringen, welche unverbindbar erscheinen und dann doch plötzlich eine Kette bilden? Oder die Abbildung eines Objektes innerhalb eines Bildes, welches nicht zu erkennen ist. Sie suchen mehrere Minuten nach diesem Objekt und möchten fast aufgeben es zu finden. Plötzlich wird das Objekt deutlich erkennbar und ist auch gar nicht mehr wegzudenken.

Ich behaupte, ganz ähnlich verhält es sich mit der Auflösung der vermeintlichen Widersprüche zwischen den Offenbarungen GOTTES und der anschließend deutlich erkennbaren „Einheit der Schrift".

1. Jesus Christus: Mensch, Prophet und/oder GOTT?

Beim Lesen des Evangeliums entsteht an vielen Stellen der Eindruck, wenn Jesus Christus spricht, spricht GOTT. Es gibt Aussagen, die ein Mensch nicht sagen kann, sondern nur GOTT.

Wie ist dies mit dem Koran vereinbar, der Jesus Christus als Mensch und Prophet hervorhebt, und betont, dass Jesus Christus nicht GOTT *ist*?

Und wie ist dies auch mit der Tora vereinbar, welche Jesus, bestätigt durch die Apostel Petrus und Stephanus, als „Propheten wie Moses" ankündigt, und nicht als Inkarnation GOTTES? (vgl. Dtn 18,15; Apg. 3,22; 7,37; mehr dazu in Kap. III.3.b.)

Und wie lässt sich die wichtige und das Besondere an Jesus Christus hervorhebende Aussage von Jesus verstehen: „Ich und der VATER sind eins."? (Joh 10,30)

Der Schlüssel, diesen Konflikt lösen zu können und es doch noch zu schaffen, die Schriften zu verbinden und mit deren Inhalt in Einklang zu kommen, ist nach meiner Überzeugung eine Vertiefung des Verständnisses über den HEILIGEN GEIST. Die für Muslime ebenso relevante Problematik, GOTT auch als VATER anzusprechen, erörtere ich etwas später.

Es wäre einfach möglich, nicht Jesus *als*, sondern vielmehr GOTT *in* Jesus zu erkennen, DER *durch* Jesus spricht und wirkt *durch* den HEILIGEN GEIST.
„*Durch* ihn [Jesus] und *mit* ihm und *in* ihm ist DIR, GOTT, allmächtiger VATER, *in der Einheit des HEILIGEN GEISTES* alle Herrlichkeit und Ehre Jetzt und in Ewigkeit!"
(*GOTTES-Lob*, S. 402)

Will dieses kirchliche Gebet nicht genau solches sagen? Ist es nicht viel ermutigender, Jesus Christus in Wort und Tat zu folgen, wenn er wirklich als Mensch begriffen werden darf, so wie wir es sind?

Beim Lesen *des Evangeliums* mit dieser Betrachtungsweise kann ich feststellen: Jesus Christus sagt über sich selber an keiner Stelle, er wäre GOTT. Auf die besondere Stellung von Jesus Christus im Evangelium als der „Sohn" GOTTES gehe ich in Kapitel II.3. ein.

Jesus bekundet aber durchaus, dass er Mensch *ist*: „Jetzt aber wollt ihr mich töten, *einen Menschen*, der euch die Wahrheit verkündet hat, die Wahrheit, die ich von GOTT gehört habe." (Joh 8,40)

Darüber hinaus sagt Jesus:

„Ihr werdet erkennen, dass *ich nichts im eigenen Namen tue*, sondern nur das sage, was mich der VATER gelehrt hat." (Joh 8,28)

„Und das Wort, das ihr hört, *stammt nicht von mir*, sondern vom VATER, der mich gesandt hat." (Joh 14,24)

„Und ER, der mich gesandt hat, ist bei mir, ER hat mich nicht allein gelassen, *weil ich immer das tue, was* IHM *gefällt*." (Joh 8,29)

Bekunden diese Stellen nicht, dass ein Unterschied besteht zwischen dem Sender, GOTT, und dem Gesandten, Jesus Christus?

Dies entspräche den Aussagen des Korans über Jesus, der diesen darüber hinaus als Messias (vgl. III 45 ff.), und dessen „unbefleckte Empfängnis" durch Maria, bestätigt (vgl. XIX 19–22).

Der Weg, den GOTT wählt, um SEIN Wort durch das Evangelium zu vermitteln, ist etwas schwieriger verständlich als im Falle der Tora und des Korans.

Denn Moses und Muhammad hörten die Offenbarung.
Moses hörte die Offenbarung von GOTT direkt, zu
Muhammad sprach GOTT durch Erzengel Gabriel. Beide
gaben weiter, was sie gehört hatten.

Doch im Evangelium spricht GOTT *durch* Jesus Christus
direkt zu den Menschen, *durch* den *HEILIGEN GEIST.*
Gerade das ist das Besondere an Jesus Christus. Das
macht ihn so charismatisch.
Jesus ist ein Beispiel, nicht nur als Vorbild und Überbrin-
ger des Wort GOTTES, sondern auch als Mensch, *wie er
einst im Paradies sein wird* – diesen Gesichtspunkt werde
ich im Laufe dieser Erklärung noch verstärkt herausarbei-
ten –, erfüllt vom *HEILIGEN GEIST, eins* mit GOTT.

In einer der Biografien über das Leben des Propheten
Muhammad findet sich in diesem Zusammenhang eine
interessante Beschreibung: „Über jene im Paradies sprach
der Prophet: GOTT wird die Menschen des Paradieses
fragen: ‚Seid ihr zufrieden?‘, und sie werden sagen: ‚Wie
sollten wir nicht zufrieden sein, o HERR, da DU uns gegeben hast, was DU sonst keinem DEINER Geschöpfe gegeben hast?‘ Dann wird ER sagen: ‚Soll ICH euch nicht
noch etwas Besseres geben?‘ und sie werden sagen: ‚Was,
o HERR, könnte besser sein?‘ und ER wird sagen: ‚ICH
werde MEINEN Ridwan auf euch herabsinken lassen‘. Die
äußerste Seligkeit des Ridwan – häufig übersetzt mit
‚Große Freude‘ – wird gedeutet als das letzte und absolute Angenommensein einer Seele durch GOTT und SEINE
Aufnahme dieser Seele in SICH und seine immerwährende
Glückseligkeit." (Martin Lings, S. 136)
Könnte „das letzte und absolute Angenommensein einer
Seele durch GOTT und SEINE Aufnahme dieser Seele
in SICH" nicht genau das sein, worüber Jesus Christus
spricht, wenn er sagt: „Ich und der VATER sind *eins.*"? (Joh
10,30)

GOTT stellt durch Jesus Christus etwas Besonderes in Aussicht: „*Eins*" zu werden mit IHM, *durch* den HEILIGEN GEIST.

Damit verbindet sich auch große Freude, denn Jesus sagt: „Aber jetzt gehe ich zu DIR. Doch dies rede ich noch in der Welt, damit sie *meine Freude in Fülle in sich haben*." (Joh 17,13)

Doch was hatte Jesus in seinem Leben, das ihm ein solche große Freude hätte einbringen können, wenn nicht den HEILIGEN GEIST, die Gegenwart GOTTES?

Ich möchte die Schriften an dieser Stelle etwas genauer auf Aussagen über den *HEILIGEN GEIST* untersuchen.
Der Koran erzählt sehr wenig über den *HEILIGEN GEIST*: „Und sie werden dich über den GEIST befragen. Sprich: ‚Der GEIST ist eine Angelegenheit meines HERRN. Aber ihr habt nur wenig Wissen darüber.‘" (XVII 85)

In der Tora ist etwas mehr über den *HEILIGEN GEIST* zu erfahren, als die Ältesten Israels am Berg Sinai von dem *HEILIGEN GEIST* erfüllt werden: „Sobald der GEIST auf ihnen ruhte, gerieten sie in prophetische Verzückung, die kein Ende nahm." (Num 11,25)

Äußert sich an dieser Stelle nicht eine große Kraft, aber auch eine große Freude, die im Wirken des *HEILIGEN GEIST* steckt? Dabei ist dies nur eine „Kostprobe", denn zuvor heißt es: „ER nahm *etwas* von dem GEIST, der auf ihm [Moses] ruhte, und legte ihn auf die siebzig Ältesten." (Num 11,25)

In der sich dem Evangelium anschließenden Apostelgeschichte ist es möglich, noch mehr über den *HEILIGEN GEIST* zu erfahren.

Hier senkt sich der *Heilige Geist* in sichtbarer Gestalt, in Form von „feurigen Zungen" (vgl. Apg 2,1–13) auf die Jünger herab und lässt sie in fremden Sprachen reden.

Wenn aber der *Heilige Geist* die Menschen derart erfüllen kann, dass sie in der Lage sind fremde Sprachen zu sprechen, dann mag es auch gut vorstellbar sein, wie Gott auf diese Weise im Evangelium zu den Menschen sprechen kann, *durch* Jesus Christus, *durch* den *Heiligen Geist.*

Dieses Verständnis für das Wirken des Heiligen Geistes wäre meiner Überzeugung nach sehr wichtig. Zum einen, damit Muslime und Juden das Evangelium und die Worte von Jesus Christus als Wort Gottes annehmen können, ohne dies als Anmaßung (eines Menschen) zu empfinden. Zum anderen damit Christen verstehen können, wie Gott zu den Menschen *durch* Jesus Christus spricht, Jesus Christus selbst dabei aber doch voll und ganz Mensch sein kann.

Jesus Christus möchte meines Erachtens den Unterschied zwischen Gott und ihm selber vor Augen führen, als er jemandem, der vor ihm auf die Knie fällt und ihn mit „Guter Meister" (Mk 10,17; Lk 18,18) anspricht, antwortet: „Warum nennst du *mich* gut? Niemand ist gut außer Gott, *dem* Einen." (Mk 10,18; Lk 18,19)

Jesus Christus fordert darüber hinaus im Evangelium: „Vor dem Herrn, deinem Gott, sollst du dich niederwerfen und Ihm *allein* dienen." (Mt 4,10)

Auch sagt Jesus im Evangelium: „Aber die Stunde kommt und sie ist schon da, zu der die wahren Beter den Vater anbeten werden im Geist und in der Wahrheit; *denn so will der* Vater *angebetet werden."* (Joh 4,23)

Wichtig ist, dass Jesus hier vom VATER spricht. Welche Gefahr wäre darin zu sehen, die Hingabe voll und ganz auf den SCHÖPFER, den VATER, zu richten?

Im Besonderen durch den Koran macht GOTT deutlich, dass das Gebet und die Dankbarkeit immer an IHN, den VATER, gerichtet sein sollten.

So hilft der Koran bei der Umsetzung des Höchsten Gebotes auch der Tora und des Evangeliums:
„Darum sollst du den HERRN, deinen GOTT, lieben mit ganzem Herzen und ganzer Seele, mit all deinen Gedanken und all deiner Kraft." (Mk 12,30; vgl. Dtn 6,5)

Die Tora, das Wort der Propheten – insbesondere die Psalmen –, der Koran und die Überlieferungen des Propheten Muhammad bedeuten einen großen Schatz an Gebeten und Hinwendungen zu GOTT.

Jesus Christus erweitert im Evangelium den Zugang zu GOTT ebenso um einen wichtigen Aspekt: GOTT zu ehren und zu lieben wie einen VATER – mehr dazu später.

Fazit: Es wäre möglich, alle Schriften ohne Schwierigkeit anzunehmen, wenn Jesus Christus als Mensch und Prophet gesehen würde, aber auch GOTT *in* Jesus Christus, DER *mit* ihm ist, und *durch* ihn spricht, *durch* den *HEILIGEN GEIST, durch* das Evangelium.

Anmerkung: Wenn auch nicht aus dem Munde Jesu selbst, so gibt es in einigen Übersetzungen des Johannes-Evangeliums eine Stelle, die aussagt, Jesus wäre GOTT. In der von mir verwendeten Einheitsübersetzung von 1980, vergleichbar mit einer späteren Ausgabe der Übersetzung von „Martin Luther" von 1984, heißt es: „Niemand hat GOTT je gesehen. *Der Einzige, der GOTT ist* und am Herzen des VATERS ruht, er hat Kunde gebracht." (Joh 1,18)

In der Fußnote der im Herder Verlag erschienenen Einheitsübersetzung befindet sich jedoch ein wichtiger Hinweis: „Statt ‚*Der Einzige, der GOTT ist* und ...' ist nach anderen Textzeugen zu übersetzen: ‚*Der einzige Sohn, der ... .*"

„Andere Textzeugen", das sind zum Beispiel Schlachter (1951), Elberfelder (1905) und der ursprüngliche Martin Luther (1545). Durch die Änderung der Bibelübersetzung von Martin Luther (von 1545 im Vergleich mit 1984) wird der „Wandel" dieser Textstelle bzw. die Verwendung anderer Quellen besonders deutlich.

Auf die besondere Stellung von Jesus Christus im Evangelium als der „Sohn GOTTES" bzw. der „einzige ..." oder der „eingeborene Sohn GOTTES" gehe ich in Kapitel II.3. ein. Diese Bezeichnungen Jesu im Evangelium haben eine besondere Bedeutung. Doch sollten diese, soviel kann ich vorwegnehmen, nicht als Synonym für GOTT selbst verwendet werden.

2. Was geschah mit Jesus Christus auf dem Kreuzweg?

Die Offenbarungen GOTTES bezüglich der Kreuzigung von Jesus Christus erscheinen zunächst als ein Problem, um die Schriften als Einheit zu lesen.

Problem 1: Für Juden ist es gemäß der Tora unmöglich, Jesus als Messias anzuerkennen, wenn er gekreuzigt wurde. Er hätte so den Tod eines von GOTT „Verfluchten" erleiden müssen, den Tod eines verurteilten Verbrechers: „Wenn jemand ein Verbrechen begangen hat, auf das die Todesstrafe steht, wenn er hingerichtet wird und du den Toten an einen Pfahl hängst, dann soll die Leiche nicht über Nacht am Pfahl hängen bleiben, sondern du sollst ihn noch am gleichen Tag begraben; *denn ein Gehenkter ist ein von GOTT Verfluchter.* Du sollst das Land nicht unrein werden lassen, das der HERR, dein GOTT, dir als Erbbesitz gibt." (Dtn 21,22–23)

Problem 2: Für Christen scheint es wiederum unmöglich, eine Offenbarung des Korans anzunehmen, gemäß der Jesus Christus von der Kreuzigung „errettet" wurde.

Im Koran steht: „Und weil sie sprachen: ‚Siehe, wir haben den Messias Jesus, Sohn der Maria, den Gesandten GOTTES getötet' – doch sie töteten ihn nicht und kreuzigten ihn nicht (zu Tode), sondern es erschien ihnen nur so. Und siehe, diejenigen, die darüber uneins sind, sind wahrlich im Zweifel über ihn. Sie wissen nichts davon, sondern folgen nur Vermutungen. Und sie töteten ihn mit Gewissheit nicht. Ganz im Gegenteil: GOTT erhöhte ihn zu SICH; und GOTT ist mächtig und weise." (IV 157–158)

Wir finden im Evangelium aber eine ausführliche Beschreibung der Kreuzigung von Jesus Christus.

Besonders schwierig ist in diesem Fall, dass Christen Heil und Erlösung durch Jesus Christus nicht nur mit seinem Leben und seiner Auferstehung, sondern auch mit seinem leiblichen Tod in Beziehung setzen. Ich werde das Evangelium daraufhin gründlich untersuchen.

Problem 3: Muslime haben aufgrund der oben angeführten Offenbarung des Korans genau wie Juden ein Problem mit dem Evangelium, das die Kreuzigung von Jesus Christus genau beschreibt.

Erschwerend kommt hinzu, dass in der islamischen Welt ein Gerücht verbreitet ist, nicht Jesus, sondern Judas wäre derjenige, der letztlich gekreuzigt wurde.
Doch für diese Behauptung gibt es weder im Koran noch in den Überlieferungen des Propheten Muhammad einen Hinweis. Dies wäre nicht nur Jesus, sondern auch Judas betreffend im deutlichen Widerspruch zur Erzählung des Evangeliums.

Was genau auf dem Kreuzweg passiert ist, als Jesus Christus seinen schweren und letzten Weg ging, wird durch den eben zitierten Vers des Korans (IV 157–158) nicht deutlich.
Doch eine kleine Bemerkung im Koran ist meines Erachtens wichtig:
„[...] doch sie töteten ihn nicht und kreuzigten ihn nicht, sondern es *erschien* ihnen nur so." (IV 157)

Muslime bräuchten das Evangelium also nicht abzulehnen, berichten die Evangelisten doch nur, was auch dem Koran zufolge des *Anscheins* nach zu sehen war.
Die sich aus der Tora ergebende Schwierigkeit, Jesus als Messias anzuerkennen, wenn er gekreuzigt wurde, erübrigt sich durch die Offenbarung des Koran.

Was bedeutet aber nun genau: „es *erschien* ihnen nur so" (IV 157)? Bedeutet dies, dass jemand anderes gekreuzigt wurde oder die Kreuzigung von Jesus Christus nur eine „Vision" war, und nicht so stattgefunden hat, wie sie ausführlich in allen vier Evangelien beschrieben wird?

Dies erscheint schwer vorstellbar. Zudem bestätigt der Koran an anderer Stelle den Tod und die Auferstehung von Jesus Christus.

So heißt es im Koran:
„Damals sprach GOTT: ‚*O Jesus! ICH will dich verscheiden lassen und zu MIR erheben.* Und will dich von den Ungläubigen befreien und diejenigen, welche dir folgen, über die Ungläubigen setzen, bis zum Tage der Auferstehung [...]‘" (III 55)

Tod („ICH will dich verscheiden lassen") und Himmelfahrt („und zu MIR erheben") Jesu werden hier deutlich angesprochen.

Jesus sagt über sich selbst im Koran:
„Und Frieden war mit mir am Tage meiner Geburt und wird es am Tage sein, *da ich sterbe*, und am Tage, *da ich zum Leben erweckt werde*." (XIX 33)

Jesus spricht an dieser Stelle ebenso von seinem Tod wie auch von seiner Erweckung (Auferstehung) zum Leben.

Wenn es im Koran also heißt: „Und sie töteten ihn mit Gewissheit nicht. Ganz im Gegenteil: GOTT erhöhte ihn zu SICH; und GOTT ist mächtig und weise." (IV 157–158), erscheint dies nicht nur zu der Erzählung des Evangeliums zunächst im Widerspruch, sondern auch zu den beiden zuvor zitierten Koranversen (vgl. III 55; XIX 33), welche den Tod Jesu ausdrücklich erwähnen.

Ich möchte zum besseren Verständnis auf die Frage eingehen, was „Auferstehung", bzw. „Wiedererweckung" genau bedeutet.

Zum Beispiel anhand der Wiedererweckung des Lazarus durch Jesus Christus (vgl. Joh 11,1–44). Innerhalb des Evangeliums befindet sich an dieser Stelle eine vergleichbare, zunächst ebenfalls widersprüchlich erscheinende Aussage.

Jesus sagt, als ihm die Nachricht des erkrankten Lazarus überbracht wird: „Diese Krankheit *wird nicht zum Tod führen*, sondern dient der Verherrlichung GOTTES." (Joh 11,4)

Im Anschluss wird der Tod von Lazarus aber deutlich erwähnt: „Als Jesus ankam, fand er Lazarus schon vier Tage im Grab liegen." (Joh 11,17)

Wenn Jesus davon spricht, dass die Krankheit des Lazarus „nicht zum Tod" führt, so muss er dies demzufolge auf die anschließende Wiedererweckung des Lazarus zum Leben beziehen:

„Nachdem er [Jesus] dies gesagt hatte, rief er mit lauter Stimme: Lazarus, komm heraus! Da kam der Verstorbene heraus; seine Füße und Hände waren mit Binden umwickelt, und sein Gesicht war mit einem Schweißtuch verhüllt. Jesus sagte zu ihnen: Löst ihm die Binden und lasst ihn weggehen!" (Joh 11,43–44)

Hier sollte verständlich werden, dass die Wiedererweckung zum Leben, die Auferstehung vom Tod, gleich einer Rückgängigmachung des Todes ist: Entweder ein Mensch ist tot *oder* lebendig.

Jesus trifft demzufolge keine falsche Aussage, wenn er sagt: „Diese Krankheit wird nicht zum Tod führen", sondern er bezieht dies auf das „Endergebnis" von Tod und Wiedererweckung: Lazarus lebte.

Die Koranverse IV 157–158 wollen nach meiner Überzeugung nicht den Schilderungen des Evangeliums widersprechen, sondern betonen, dass Jesus vom Tod auferstanden und damit letztendlich „nicht getötet" worden ist.

Ebenso bedeutet im Vers IV 157 „nicht gekreuzigt", so sieht es auch der Überarbeiter der von mir verwendeten Koranübersetzung (vgl. Fußnote zu IV 157; S. 103), „nicht getötet".

Zur besseren Veranschaulichung, auch wenn etwas rabiat: Ist jemand getötet worden, so kann dies genauer ausgedrückt werden wie zum Beispiel: Er wurde erschlagen. Würde der Getötete später doch noch aus seinem Tod erwachen, so wäre er also doch nicht getötet oder entsprechend nicht erschlagen worden. Es hätte nur den Anschein gehabt.

Jesus wurde seiner Auferstehung vom Tod entsprechend also *nicht* getötet bzw. gekreuzigt, „sondern es erschien ihnen nur so".
Auch dem Evangelium zufolge ist Jesus Christus zum Leben wiedererweckt worden. Er lag nach seiner Auferstehung nicht mehr in seinem Grab, aß mit den Jüngern ganz normale Speisen und der Apostel Thomas fühlte sogar an seinen Wunden.
Der „Geist" eines Verstorbenen hätte aber ganz unmöglich einen leiblichen Körper besessen. Darum betont Jesus: „Seht meine Hände und meine Füße an: Ich bin es selbst. Fasst mich doch an und begreift: *Kein Geist hat Fleisch und Knochen, wie ihr es bei mir seht.*" (Lk 24,39)

GOTT macht durch diese Erzählung deutlich, dass Jesus ebenso zum Leben wiedererweckt worden ist wie Lazarus und andere bereits zuvor.

Entsprechend seiner Wiedererweckung und Himmelfahrt, welche der Koran bestätigt, ist Jesus auch nicht von Gott „verflucht" (vgl. Dtn 21,22–23), sondern gesegnet.

Wenn am Ende des Lukas-Evangeliums berichtet wird: „So steht es in der Schrift: Der Messias wird leiden und am dritten Tag von den Toten auferstehen" (Lk 24,46) [...] „Und während er sie segnete, verließ er sie und wurde zum Himmel emporgehoben" (Lk 24,51)

So ist dies meiner Überzeugung nach in völligem Einklang mit dem Koran:
„Und weil sie sprachen: ‚Siehe, wir haben den Messias Jesus, Sohn der Maria, den Gesandten Gottes getötet' – doch sie töteten ihn nicht und kreuzigten ihn nicht (zu Tode), sondern es erschien ihnen nur so. Und siehe, diejenigen, die darüber uneins sind, sind wahrlich im Zweifel über ihn. Sie wissen nichts davon, sondern folgen nur Vermutungen. Und sie töteten ihn mit Gewissheit nicht.
Ganz im Gegenteil: Gott erhöhte ihn zu Sich; und Gott ist mächtig und weise." (IV 157–158)

Die Propheten Israels berichten ebenso von dem Leid und der Errettung Jesu: „Wie ein Lamm, das man zum Schlachten führt, und wie ein Schaf angesichts seiner Scherer, so tat auch er seinen Mund nicht auf. Durch Haft und Gericht wurde er dahingerafft, doch wen kümmerte sein Geschick? Er wurde vom Land der Lebenden abgeschnitten und wegen der Verbrechen seines Volkes zu Tode getroffen. Bei den Ruchlosen gab man ihm sein Grab, bei den Verbrechern seine Ruhestätte, obwohl er kein Unrecht getan hat, und kein trügerisches Wort in seinem Mund war. *Doch der Herr fand Gefallen an seinem zerschlagenen Knecht, Er rettete den, der sein Leben als Sühnopfer hingab.* Er wird Nachkommen sehen und lange leben." (Jes 53,7–10; vgl. Apg 8,32–33)

Doch nun zu einer wichtigen Frage: Wenn Jesus Christus zum Leben wiedererweckt worden ist, worauf lässt sich dann seine Heilsverkündung im Evangelium beziehen?

Das sind die Stellen im Evangelium, die den leiblichen Tod von Jesus Christus als Voraussetzung für Heil und Erlösung erscheinen lassen:

Einmal sagt Jesus Christus in der Synagoge von Kafarnaum: „Das Brot, das ich geben werde, ist mein Fleisch, (ich gebe es hin) für das Leben der Welt." (Joh 6,51)
Beim Abendmahl wiederholt Jesus Christus seine Worte, als er das Brot bricht und sagt: „Das ist mein Leib, der für Euch hingegeben wird." (Lk 22,19)
Danach reicht er den Weinkelch und sagt: „Das ist mein Blut, das Blut des Bundes; das für viele vergossen wird zur Vergebung der Sünden." (Mt 26,28)

Ich bitte als Grundüberlegung Folgendes zu bedenken: Ist es nicht vorstellbar, dass GOTT die Sünden jederzeit vergeben kann, wie ER will? GOTT zeigt durch Jesus Christus gerade das, wenn Jesus Christus den Menschen ihre Sünden vergibt. Die Juden fassten dies als Lästerung GOTTES auf, da ein Mensch zu solchem nicht fähig ist, GOTT aber sehr wohl, DER durch Jesus Christus spricht und wirkt (vgl. Mk 2,1–12).

Um zu verstehen, was Jesus Christus wirklich meint, wenn er von seinem „Fleisch und Blut" spricht, möchte ich das Evangelium daraufhin jetzt genau untersuchen.

Denn in der Synagoge von Kafarnaum (vgl. Joh 6,22–59) erklärt Jesus Christus seine Worte, welche er anschließend beim Abendmahl wiederholt.
Jesus lehrt: „Ich bin das Brot des Lebens. Euere Väter haben in der Wüste das Manna gegessen und sind gestor-

ben. So aber ist es mit dem Brot, das vom Himmel herab-
kommt: Wenn jemand davon isst, wird er nicht sterben.
Ich bin das lebendige Brot, das vom Himmel herabgekommen ist. Wer von diesem Brot isst, wird in Ewigkeit leben
[...]." (Joh 6,48–51)

Von welchem Brot soll der Mensch essen, um ewig zu
leben?
„[...] Das Brot, das ich geben werde, ist mein Fleisch, (ich
gebe es hin) für das Leben der Welt." (Joh 6,51)

Der letzte Satz erweckt tatsächlich den Eindruck, als
wäre der leibliche Körper das Brot, welches Jesus Christus gibt. Doch hier ist es wichtig weiterzulesen.

Zunächst bleibt es noch unklar, doch dann sollte deutlich
werden, was mit dem „Fleisch und Blut" von Jesus Christus wirklich gemeint ist: „Da stritten sich die Juden und
sagten: Wie kann er uns sein Fleisch zu essen geben?
Jesus sagte zu ihnen: Amen, amen, das sage ich euch:
Wenn ihr das Fleisch des Menschensohnes nicht esst und
sein Blut nicht trinkt, habt ihr das Leben nicht in euch.
Wer mein Fleisch isst und mein Blut trinkt, hat das ewige
Leben, und ich werde ihn auferwecken am Letzten Tag.
Denn mein Fleisch ist wirklich eine Speise und mein Blut
ist wirklich ein Trank. Wer mein Fleisch isst, und mein
Blut trinkt, der bleibt in mir, und ich bleibe in ihm. Wie
mich der lebendige VATER gesandt hat und wie ich durch
den VATER lebe, so wird jeder, der mich isst, durch mich
leben. Dies ist das Brot, das vom Himmel herabgekom-
men ist. Mit ihm ist es nicht wie mit dem Brot, das die
Väter gegessen haben; sie sind gestorben. Wer aber dieses
Brot isst, wird leben in Ewigkeit.
Diese Worte sprach Jesus, als er in der Synagoge von
Kafarnaum lehrte. Viele seiner Jünger, die ihm zuhörten,
sagten: Was er sagt, ist unerträglich. Wer kann das anhö-

ren? Jesus erkannte, dass seine Jünger darüber murrten, und fragte sie: Daran nehmt ihr Anstoß?" (Joh 6,52–61)

Erst jetzt erklärt Jesus Christus die tiefere Bedeutung von seinem „Fleisch und Blut". Nun kommen die bezüglich der Heilsverkündung entscheidenden Worte:
„Was werdet ihr sagen, wenn ihr den Menschensohn hinaufsteigen seht, dorthin, wo er vorher war? *Der Geist ist es, der lebendig macht; das Fleisch nützt nichts. Die Worte, die ich zu euch gesprochen habe, sind Geist und Leben*." (Joh 6,62–63)

Jesus will verdeutlichen: Worauf es ankommt, sind seine *Worte, das Wort* GOTTES, das *Evangelium* und *nicht* das Fleisch.

Wichtig ist ebenfalls, dass der erste Teil des oben angeführten Abschnitts des Johannes-Evangeliums, in dem noch der Eindruck entsteht, Jesus Christus beziehe seine Heilsverkündung auf seinen physischen Leib, an die Juden gerichtet ist, d.h. an die Menschen allgemein: „*Da stritten sich die Juden und sagten*: Wie kann er uns sein Fleisch zu essen geben? *Jesus sagte zu ihnen*: [...]." (Joh 6,52 ff.)

Die Auflösung, in der Jesus Christus sein „Fleisch und Blut" auf sein *Wort* bezieht, ist hingegen nur noch an die Jünger gerichtet:
„*Jesus erkannte, dass seine Jünger darüber murrten, und fragte sie*: Daran nehmt ihr Anstoß? [...]." (Joh 6,61 ff.)

Das ist deshalb wichtig, weil Jesus Christus seinen Jüngern erklärt: „[...] Euch ist es gegeben, die Geheimnisse des Reiches GOTTES zu erkennen. Zu den anderen Menschen aber wird nur in Gleichnissen geredet; denn sie sollen sehen und doch nicht sehen, hören und doch nicht verstehen." (Lk 8,9–10; vgl. Mt 13,10–17 und Mk 4,10–12)

„Er [Jesus] redete nur in Gleichnissen zu ihnen; seinen Jüngern aber erklärte er alles, wenn er mit ihnen allein war." (Mk 4,34; vgl. Mt 13,34)

Jesus spricht zu den Menschen in Gleichnissen, in diesem Fall: „Das Brot, das ich geben werde, ist *mein Fleisch*, (ich gebe es hin) für das Leben der Welt." (Joh 6,51)

Seinen Jüngern aber erklärt Jesus die Lösung dieses Gleichnisses. Die lautet im Falle seiner Heilsverkündung: „Der Geist ist es, der lebendig macht; *das Fleisch nützt nichts. Die Worte, die ich zu euch gesprochen habe, sind Geist und Leben."* (Joh 6,62–63)

„Das Brot [...] *ist mein Fleisch"* ⇨ „*das Fleisch nützt nichts* [!!!]. Die Worte [...] sind Geist und Leben."

Ich hoffe, dass das Gleichnis und seine Auflösung so wirklich erkennbar werden. Brot und Wein sind ebenso in dieses Gleichnis mit eingeschlossen: „Denn *mein Fleisch* ist wirklich eine Speise und *mein Blut* ist wirklich ein Trank" (Joh 6,55). Das ist im Bezug auf das Abendmahl, bei dem Jesus das Gleichnis von seinem Fleisch (Leib) und Blut wiederholt (vgl. Mt 26,26–28, Mk 14,22–23, Lk 22,17–22) sehr wichtig.

Der „Leib" und das „Blut" von Jesus Christus ist *das Evangelium*, das Wort GOTTES. Vergleichen wir dies mit den Briefen von Paulus, der in der Kirche, vor allem der Urkirche Israels, sehr umstritten war, so hoffe ich deutlich machen zu können, warum ich diesen Teil der Erklärung als den wichtigsten bezeichne.

Paulus hat nach meiner Überzeugung nicht die eigentliche Heilsverkündung, sondern das darauf bezogene Gleichnis wörtlich aufgegriffen.

Paulus, dessen Lehre ich noch ausführlich mit dem Evangelium vergleichen werde, sagt: „Ihn [Jesus Christus] hat GOTT dazu bestimmt, Sühne zu leisten mit seinem Blut, [...]." (Röm 3,25)
„Aufgrund dieses Willens sind wir durch die Opfergabe des Leibes Jesu Christi ein für alle Mal geheiligt."
(Hebr 10,10)

Anmerkung: Es ist nicht sicher, ob der Hebräerbrief von Paulus selbst verfasst wurde, doch ist der Hebräerbrief im Sinne der Lehre von Paulus, wahrscheinlich von einem seiner Schüler.

GOTT hebt die Wichtigkeit SEINES Wortes hervor, indem ER verdeutlicht, dass Jesus Christus „das Fleisch" gewordene Wort ist (vgl Joh 1,14). Das entspricht dem „Leib Christi" als Gleichnis für *das Evangelium*, dem Wort GOTTES.

Die Aussage von Jesus Christus: „Der Mensch lebt nicht nur von Brot, sondern von jedem Wort, das aus GOTTES Mund kommt" (Mt 4,4) ist ein weiteres Beispiel für das Wort GOTTES als „Brot" im übertragenen Sinn.

Es geht meiner Ansicht nach darum, das Wort GOTTES zu verstehen, aufzunehmen (zu verinnerlichen) und umzusetzen. „Im Anfang war das Wort, / und das Wort war bei GOTT, / und das Wort war GOTT." (Joh 1,1)
Indem Paulus das Gleichnis wörtlich aufgreift, richtet er einen großen Teil der Kraft, die sich auf das Hören und Befolgen des Evangeliums konzentrieren sollte, auf den Tod von Jesus Christus und die Feier der „Eucharistie".

Anmerkung: Das gemeinsame Brotbrechen ist eine Aufforderung GOTTES im Evangelium: „tut dies zu MEINEM Gedächtnis" (Lk 22,19). Es spräche aber nichts dagegen, dieser Aufforderung so nachzukommen wie Jesus Christus damals und Juden noch heute: In Form einer gemeinsamen Feier, um GOTT zu ehren und zu lobpreisen, DER durch Jesus Christus spricht.

Heil und Erlösung hingegen werden nach meiner Überzeugung erlangt, indem der „Leib Jesu", das Wort GOTTES, in seiner Gesamtheit angenommen, und danach gehandelt wird. „*Er [Jesus] aber erwiderte: Selig sind vielmehr die, die das Wort GOTTES hören und es befolgen.*" (Lk 11,28)

Fazit: Der Koran steht nicht im Widerspruch zu der Erzählung des Evangeliums, sondern hebt hervor, dass Jesus Christus auferstanden und in den Himmel aufgefahren ist.

Die Heilsverkündung von Jesus Christus bezieht sich auf sein Wort, das Evangelium. Fleisch (und Blut), Brot (und Wein) *sind Gleichnisse* für das Wort (und den GEIST) GOTTES.

3. Jesus Christus „Sohn GOTTES"?

Im Koran steht geschrieben: „Und es [das Buch, der Koran] soll diejenigen warnen, die da behaupten: ‚GOTT hat SICH einen Sohn genommen.'" (XVIII 4)

Dies scheint zunächst unvereinbar mit GOTTES Aussage im Evangelium: „Das ist MEIN geliebter Sohn, an dem ICH Gefallen gefunden habe, auf ihn sollt ihr hören." (Mt 17,5; vgl. Mt 3,17; Mk 9,7; Lk 9,35)

Die kürzeste und einfachste Erklärung, warum Jesus Christus im Evangelium als „Sohn GOTTES" genannt wird, gibt das Evangelium selber. Maria fragt den Engel, der ihr die Empfängnis von Jesus ankündigt: „Wie soll das geschehen, da ich keinen Mann erkenne? Der Engel antwortete ihr: Der HEILIGE GEIST wird über dich kommen, und die Kraft des HÖCHSTEN wird dich überschatten. *Deshalb wird* auch *das Kind* heilig und *Sohn* GOTTES *genannt werden*." (Lk 1,34–35)

Jesus Christus wird also „Sohn GOTTES" genannt, weil er, mit Blick in die Vergangenheit, durch den HEILIGEN GEIST von GOTT geschaffen und nicht von Menschen gezeugt wurde.

Die Aussage des Korans: „GOTT hat SICH keinen Sohn *genommen*" entspricht wiederum der Aussage von Jesus Christus im Evangelium: „Denn wer den Willen meines himmlischen VATER erfüllt, *der ist für mich Bruder und Schwester und Mutter.*" (Mt 12,50)

Der Koran wirft demnach den Blick auf die Gegenwart und Zukunft, in der alle Menschen, die den Willen GOTTES erfüllen, vor IHM gleich sind. Alle sind „Brüder" und „Schwestern", auch die Propheten, auch der Messias.

GOTT hat *SICH* niemanden im Besonderen heraus*genom-men*.

Es gibt noch zwei weitere Erklärungen, warum Jesus Christus im Evangelium der „Sohn" oder der „einzige Sohn" (vgl. Joh 1,14) GOTTES ist.

Der Koran und Prophet Muhammad beschränken sich darauf, das Verhältnis der Menschen zu GOTT als „Diener" (Synonym: Knecht, Sklave) zu erläutern.

Auch Jesus Christus ist „Knecht" GOTTES (vgl. Mt 12,15–21), doch zeigt GOTT durch Jesus Christus und das Evangelium, IHN auch wie einen VATER zu ehren und zu lieben.

Hierzu möchte ich die Worte des Propheten Maleachi (Malachi), den zeitlich letzten Propheten in der jüdischen Bibel, etwas genauer betrachten. Diese Textstelle erscheint mir auch wesentlich für das Verständnis um die „Einheit der Schrift".
So erging das Wort des HERRN durch Prophet Maleachi: „Der *Sohn* ehrt seinen Vater / und der *Knecht* seinen Herrn. Wenn ICH der VATER bin – / wo bleibt dann die Ehrerbietung? Wenn ICH der HERR bin – / wo bleibt dann die Furcht vor MIR?" (Mal 1,6)

Ist es wirklich Zufall, dass die unmittelbaren Nachfolger von Maleachi genau das erklären, was GOTT durch Maleachi hinterfragt?

Jesus Christus, der als „Sohn GOTTES" bezeichnet wird, und nahe bringt GOTT zu ehren und zu lieben wie einen VATER. Prophet Muhammad, der als „Knecht GOTTES" („Abd ALLAH") bezeichnet wird, und zeigt, GOTT zu dienen und zu fürchten wie einen HERRN.

Anmerkung: Ich bitte „Furcht" nicht mit „Angst" gleichzusetzen. „Angst" ist destruktiv, „Furcht" sollte konstruktiv sein. Zum Beispiel die Furcht der Kinder vor einer Schulprüfung. Eltern sind sicher nicht böse, oder wollen ihre Kinder quälen, wenn sie diese zur Schule gehen lassen. Sie wollen, dass ihre Kinder lernen, um später für das Leben zu profitieren.

Genauso wird sich GOTT wahrscheinlich wünschen, dass die Menschen lernen. Ein auch strenger GOTT, schwierige Aufgaben und ein Tag der Rechenschaft (Tag des Gerichts) über die Erfüllung der gestellten Aufgaben, müssen nicht im Widerspruch sein mit einem liebenden und barmherzigen GOTT.

Ich möchte die Worte des zeitlich letzten Propheten der jüdischen Bibel einmal mit meiner persönlichen Wahrnehmung von Abend- und Morgenland gegenüberstellen, und vielleicht können auch die Leserinnen und Leser sich vorstellen, Christentum und Islam darin wieder zu finden:

„Wenn ich der VATER *bin, wo bleibt dann die Ehrerbietung?"* Im Abendland sind die Kirchen die zentralen Schmuckstücke der Städte. Viel Geld wurde aufgebracht, um GOTT gebührend Ehre zu erweisen. Die Menschen knien in Ehrerbietung nieder. Der GOTTES-Dienst ist geprägt von Ehrerbietung. Das *einzige Gebet*, welches Jesus Christus lehrt, ist das „VATER *unser".*

„Wenn ich der HERR *bin, wo bleibt dann die Furcht vor* MIR?"

Im Morgenland ist GOTT allgegenwärtig. Von überall her hallt SEIN Name. Man spürt dort den Respekt und die Ehrfurcht vor GOTT. Auch in den Moscheen ist der Respekt vor GOTT zu spüren: Wie Moses am Berg Sinai entfernen die Menschen bei Betreten der Moschee ihre Schuhe (vgl. Ex 3,5) und werfen sich mit Respekt und in Ehrfurcht vor GOTT zu Boden nieder. (vgl. Ex 12,27; Ex 24,1)

Im Evangelium und durch Jesus Christus wird erlernbar, GOTT zu lieben und zu ehren wie einen VATER. Im Koran und durch Prophet Muhammad wird erlernbar, GOTT zu dienen und zu respektieren wie einen HERRN.

Die Eindringlichkeit der Worte GOTTES durch den Propheten Maleachi lässt den Schluss zu, dass ER SICH *beides* wünscht.

Wie aber verhält es sich mit den Menschen heute?
Sind sie nur „Diener" oder auch „Kinder" GOTTES?

Im Evangelium sagt GOTT durch Jesus Christus, dass alle, die SEINEN Willen erfüllen, *durch die Auferstehung* „Söhne" GOTTES werden sollen, und verbindet damit ewiges Leben: „Sie [die GOTT für würdig hält; Lk 20,35] können auch nicht mehr sterben, weil sie *den Engeln gleich und durch die Auferstehung zu Söhnen* GOTTES geworden sind." (Lk 20,36)

Wenn die Annahme als „Söhne" GOTTES erst *durch die Auferstehung* erfolgt, bedeutet dies nicht, dass die Menschen erst am Tag der Auferstehung zu „Söhnen" und „Töchtern" GOTTES *werden*?

Und wenn sich mit der Annahme als „Söhne" ewiges Leben verbindet: „*Sie können auch nicht mehr sterben*, weil sie den Engeln gleich und durch die Auferstehung zu Söhnen GOTTES geworden sind." (Lk 20,36), bedeutet dies nicht, dass wer immer sterblich ist, dieser ausschließlich als „Diener" GOTTES stirbt?

Dies entspricht der Aussage des Korans: „Keiner in den Himmeln und auf Erden nähert sich dem ERBARMER *anders denn als Diener.* Wahrlich, ER hat sie alle einzeln erfasst und ihre Zahl genau gezählt. Und jeder soll am *Tage der Auferstehung* nackt und bloß zu IHM kommen. Siehe, diejenigen die glauben und Gutes tun, denen *wird* der ERBARMER *Liebe* erweisen." (XIX 93–96)

Auch in diesem speziellen Fall zeigt sich nach meinem Dafürhalten, wie wichtig es ist, die Heiligen Schriften in der Gesamtheit zu lesen.

Denn auf welche Weise GOTT am Tag der Auferstehung den Menschen *Liebe* erweisen wird, bleibt aus dem Koran heraus unklar, der „nur" das Verhältnis des Menschen zu GOTT als „Diener" behandelt.

Erst durch das Evangelium wird deutlich, dass es sich bei der *Liebe*, die GOTT den Menschen gemäß dem Koran am Tag der Auferstehung erweisen wird, auch um die Annahme als „Kinder" GOTTES handelt.

Durch die Propheten Israels wiederum wird erkennbar, dass es sich hierbei nicht um eine erstmalige, sondern um eine „Wiederannahme" als „Kinder" handelt:

„Wohl habe ICH gesagt: Ihr seid Götter, / *ihr alle seid Söhne des* HÖCHSTEN. *Doch nun sollt ihr sterben wie Menschen,* / sollt stürzen wie jeder der Fürsten." (Ps 82,6–7)

Diese Textstelle, auf die sich auch Jesus Christus im Evangelium bezieht (vgl. Joh 10,34), lässt den Schluss zu, dass die Menschen nicht nur als „Diener", sondern auch als „Kinder" GOTTES erschaffen wurden. Doch haben sie diesen „Status" vor GOTT verloren, auch hier ausgedrückt durch deren Sterblichkeit.

Warum also sagt Paulus: „Ihr *seid* alle durch den Glauben *Söhne* GOTTES in Christus Jesus"? (Gal 3,26)

Jesus sagt an keiner Stelle, dass die Menschen bereits „Kinder" GOTTES *sind*, sondern stellt die Annahme als „Söhne" („Kinder") GOTTES erst für den Tag der Auferstehung in Aussicht. Paulus sagt hingegen häufig, dass alle, die an Jesus Christus glauben, bereits zu „Kindern" GOTTES geworden sind.

Der entscheidende Widerspruch in der Lehre der Kirche zum Koran liegt also auch hier nicht im Evangelium, son-

dern in den Briefen des Paulus, der damit ebenso dem Evangelium widerspricht. Paulus geht sogar so weit, sich selbst als Vater der Gemeinde zu bezeichnen:
„Denn in Christus Jesus bin ich durch das Evangelium euer Vater geworden." (1 Kor 4,15)

Jesus Christus lehrt hingegen: „Ihr aber sollt euch nicht Rabbi [Meister] nennen lassen; denn nur EINER ist euer MEISTER, ihr alle aber seid Brüder. Auch sollt ihr *niemand auf Erden* euren Vater nennen; denn nur EINER ist euer VATER, DER im Himmel." (Mt 23,8–9)

Doch wie steht es um die persönliche Zuwendung zu GOTT? Ist es möglich, GOTT schon jetzt als VATER anzusprechen? Warum lehrt Jesus Christus das „VATER unser", wenn bereits er es ist der sagt, dass die Annahme als „Söhne" erst am Tag der Auferstehung erfolgt? Wird es nicht überhaupt erst möglich, für GOTT die Liebe eines „Kindes" zu empfinden, indem GOTT auch als „VATER" verstanden werden darf?

Ich sehe in der Ansprache GOTTES als VATER keinen Widerspruch zu dem Koran, der dies nicht untersagt, solange dies in der Hoffnung geschieht, am Tag der Auferstehung als „Kind" GOTTES angenommen zu werden und nicht in dem Bewusstsein, GOTTES „Kind" schon jetzt zu sein.
„Keiner in den Himmeln und auf Erden nähert sich dem ERBARMER *anders denn als Diener*" (XIX 93) bedeutet aber auch, dass bis zum Tag der Auferstehung das Verhältnis der Menschen als „Diener" im Vordergrund steht, und die Menschen bis dahin auch wirklich nur „Diener" GOTTES *sind.*
Wie es möglich ist sich GOTT als „Diener" zu nähern lehrt vor allem Prophet Muhammad, insbesondere durch die Verbeugung und Niederwerfung, dem islamischen Gebet.

Zeitlich in umgekehrter Reihenfolge, lehrt das Evangelium darauf aufbauend, GOTT auch als „Sohn" („Kind") zu ehren. Das erscheint mir sehr wichtig, da dies genauso zu erlernen ist wie der GOTTES-Dienst, und auch dieser Lernprozess nicht von heute auf morgen geschieht. Dabei handelt es sich weniger um die Praxis, welche Prophet Muhammad lehrt, sondern um die ethischen und spirituellen Akzente, welche das Evangelium setzt.

Jesus Christus betont: „Der Sklave [Diener] aber bleibt nicht für immer im Haus; *nur der Sohn bleibt für immer im Haus.*" (Joh 8,35)

Unter dieser Betrachtung wären alle Menschen heute wie „verlorene" Söhne und Töchter (vgl. Gleichnis Lk 15,11–32), die nun darüber entscheiden können, ob sie sich auf den Weg zurück zum VATER begeben wollen. Den Weg dorthin beschreibt die Heilige Schrift.

Fazit: Jesus Christus ist demzufolge auch „Sohn" GOTTES, weil er ein Beispiel und Vorbild sein sollte, GOTT wie einen VATER zu ehren und zu lieben.

Da die Annahme als „Kinder" GOTTES erst am Tag der Auferstehung erfolgt, war Jesus Christus seit der Zeit seines Wirkens vor 2000 Jahren bis zum Tag der Auferstehung der *einzige* „Sohn" GOTTES.

Es gibt noch eine weitere Erklärung, weshalb Jesus Christus im Evangelium der „einzige Sohn" GOTTES ist.

Was meint Jesus Christus, wenn er über sich sagt:
„Niemand hat den VATER gesehen außer dem, der von GOTT ist; nur er hat den VATER gesehen." (Joh 6,46) und „Ihr stammt von unten, ich stamme von oben; ihr seid aus dieser Welt, ich bin nicht aus dieser Welt."? (Joh 8,23)

Diese Aussagen von Jesus Christus sind sicherlich wichtige Stellen, aus denen die Kirche ihre Lehre über die

Dreifaltigkeit herleitete und die deren ablehnende Haltung gegenüber dem Koran zu bestärken scheinen. Es sind aber auch Aussagen, mit denen Juden und Muslime in Konflikt geraten können, was schnell zur Ablehnung von Jesus als Messias oder dem Evangelium als das unverfälschte Wort GOTTES führen kann.

Dabei könnte die Erklärung eine ganz einfache sein, die zumal auch noch eine Brücke zu den östlichen Religionen baut, indem ein wichtiger Teil deren Lehre durch die Heilige Schrift bestätigt wird.

Juden, Christen und Muslime wehren sich häufig gegen den Gedanken an die Wiedergeburt, obwohl die Schriften ein keiner Stelle Aussagen treffen, welche diesem Gedanken widersprechen würden. Ganz im Gegenteil, über Johannes dem Täufer sagt Jesus Christus: „Und wenn ihr es gelten lassen wollt: Ja, er ist Elija, der wiederkommen soll. Wer Ohren hat, der höre!" (Mt 11,14–15)

Jesus Christus spricht hier nach meiner Überzeugung von der Wiedergeburt. Das bedeutet, dass die Seelen der Menschen nach ihrem Tod ein weiteres Mal in dieser Welt „wiedergeboren" werden. Es gäbe so unter Umständen mehr als nur ein Leben in dieser Welt. Allerdings finde ich in den Schriften keine Hinweise darauf, dass diese Wiedergeburt anders, denn als Mensch erfolgen sollte. Doch die Wiedergeburt als Mensch wird in den Heiligen Schriften meiner Ansicht nach deutlich angesprochen.

Johannes der Täufer ist nicht vom Himmel herabgekommen, er war geboren wie jeder andere Mensch auch.

Ich bitte die Leserinnen und Leser, das letzte Zitat noch einmal genau zu bedenken. Denn was für einen Menschen gilt, kann auch für alle anderen Menschen gelten.

Auch im Koran meine ich die Wiedergeburt beschrieben zu finden:
„Und als ihr [die Israeliten, beim Auszug aus Ägypten] sagtet: ‚O Moses! Wir glauben dir nicht, bis wir GOTT deutlich sehen', da erfasste euch das Unwetter vor eueren Augen. *Dann erweckten Wir euch wieder, nach euerer Auslöschung, auf dass ihr dankbar wäret.*" (II 55–56)

Wer im „Unglauben" stirbt, der kommt nach islamischer und christlicher Lehrmeinung an einen Ort der Hölle.
Die hier beschriebenen Israeliten *sind* im „Unglauben" gestorben: „O Moses! Wir glauben dir nicht, bis wir GOTT deutlich sehen". Nach deren Tod („Auslöschung") wird aber ihre „Wiedererweckung" beschrieben.

Wo sollte diese sein?
Der Ausdruck: „auf dass ihr dankbar wäret" schließt aus, dass es sich um einen Ort der Hölle handelt, da dort kaum jemand dankbar sein dürfte. Ein Ort des Paradieses scheint mir durch die ausgedrückte Hoffnung: „auf dass ihr dankbar wäret" aber ebenfalls ausgeschlossen, da die Menschen an einem Ort des Paradieses sicher dankbar sein werden. Zumal die Aufteilung der Seelen in Paradies und Hölle durch die Schriften eng mit dem Tag des Gerichts verbunden ist, welcher erst in der Zukunft liegt.

Auch das „Verweilen im Grab" der Verstorbenen, bis zum Tage des Gerichts, erscheint mir durch die ausgedrückte Hoffnung: „auf dass ihr dankbar wäret" ausgeschlossen.
Denn der Koran sagt: „Siehe, GOTT macht hörend, wen ER will. Doch du kannst die in den Gräbern nicht hörend machen." (XXXV 22)
Der Ausdruck „hörend machen" bedeutet „verstehend machen". Dankbarkeit zu erlangen: „auf dass ihr dankbar wäret" setzt ebenfalls einen Erkenntnisprozess, also Verstehen, voraus.

Wo also sollte diese „Wiedererweckung" sein?
Ist der Ort, an dem die Menschen ihre Dankbarkeit unter Beweis stellen können und dürfen, nicht diese Welt, in der sie jetzt leben? Wäre es nicht gerecht, wenn alle Menschen immer wieder eine Chance bekommen, „auf dass sie dankbar wären", bis zum Tage des Gerichts?

In welchem Zusammenhang ist nun aber die Wiedergeburt wichtig, für die Erklärung der anfänglich zitierten Worte Jesu Christi und der Bedeutung von Jesus Christus als den „einzige Sohn" GOTTES?

In der Verbindung von Aussagen aus dem Koran und dem Evangelium ist es möglich, eine Schlussfolgerung zu ziehen.
Der Koran sagt, dass Jesus vor GOTT *gleich* Adam *ist*:
„Wahrlich, Jesus *ist* vor GOTT *gleich* Adam. ER erschuf ihn aus Staub. Dabei sprach ER zu ihm ‚Sei!', und er war."
(III 59)
Im Evangelium sagt Jesus, er war *vor* Abraham:
„Jesus erwiderte ihnen: Amen, amen, ich sage euch: Noch ehe Abraham wurde, bin ich." (Joh 8,58)
Der Koran wiederum stellt fest, dass Jesus Christus Mensch *ist.*

Was also, wenn Jesus Christus Adam *ist*?

Adam wurde von GOTT geschaffen. Die Bezeichnung „Sohn" GOTTES würde bei Adam, wie auch bei Jesus Christus, im „wörtlichen" Sinn zutreffen. Auch Adam ist von GOTT geschaffen und nicht von Menschen gezeugt. Dass Jesus Christus zumindest vor GOTT *gleich* Adam *ist*, daran lässt der Koran keinen Zweifel.

Wenn das Evangelium die Bezeichnung von Jesus als „Sohn" GOTTES mit der Schaffung durch GOTT durch den

HEILIGEN GEIST erklärt (vgl. Lk 1,35), so wäre die Bezeichnung Jesu im Evangelium als „*einziger* Sohn" GOTTES auch ein Hinweis auf Jesus als Wiedergeburt Adams, auf den die Schaffung durch GOTT *durch den HEILIGEN GEIST* ebenso zutreffend ist.

Die Tora berichtet über Adam: „Da formte GOTT, der HERR, den Menschen aus der Erde vom Ackerboden *und blies in seine Nase den Lebensatem.*" (Gen 2,7)

Wenn die Seele von Adam unsterblich ist und GOTT im Evangelium am Beispiel von Johannes dem Täufer zeigt, dass ER Seelen als Wiedergeburt auf diese Welt wiederkommen lässt, macht es dann nicht Sinn, dass Adam, von dem alle Menschen abstammen, derjenige sein wird, den GOTT als Verwalter auf Erden einsetzt?

Derjenige, den GOTT als Verwalter einsetzen wird, daran glauben zumindest Christen und Muslime, ist der Messias, Jesus. Muslime warten genauso wie Christen auf die Wiederkunft von Jesus Christus, welchen der Koran als „Vorzeichen der Stunde" ankündigt (vgl. XLIII 61).

Die Erklärung, dass Jesus der wiedergeborene *Adam ist*, würde die Worte von Jesus Christus verständlich machen.

Adam und Eva waren die Einzigen im Paradies und wurden nach dem Sündenfall von dort vertrieben. Adam und Eva stammen von oben, vom Paradies, also nicht von dieser Welt. Wir stammen von unten, von dieser Welt, als Nachkommen von Adam und Eva. Adam war vor Abraham.

Fazit: Es gibt mehrere Betrachtungsmöglichkeiten, die Bezeichnung von Jesus im Evangelium als „Sohn Gottes" verstehen und annehmen zu können, ohne dabei mit den anderen Schriften in Konflikt zu geraten, indem Jesus Christus verstanden wird als:

– Gottes „Sohn", da von Gott geschaffen und nicht von Menschen gezeugt.

– Vorbild für Gottes Wunsch als Vater geehrt zu werden, mit dem Ziel, am Tag der Auferstehung als „Söhne" bzw. „Kinder" Gottes angenommen zu werden.

– (ggf.) Wiederkunft Adams.

Die sich im Koran häufig wiederholende Aussage, Gott habe *Sich* keinen Sohn *genommen*, kann dabei angenommen werden als klare Betonung, dass alle Menschen, die den Willen Gottes erfüllen, vor Ihm gleich sind, auch der Messias (vgl. Mt 12,50).

Zusammenfassung von Kapitel II:

Ganz allgemein ausgedrückt ist die Lösung der größten „Streitfragen" zwischen den Schriftreligionen möglich, durch eine Vertiefung des Verständnisses des Wort GOTTES für: a) Raum, b) Geist und Materie und c) Zeit.

So geht es bei der Frage ...:
a) ... „Jesus Christus, Mensch, Prophet und/oder GOTT?", um die Vertiefung des Verständnisses des Wortes GOTTES in Bezug auf „Raum":
GOTT *in* Jesus Christus zu erkennen, DER *durch* ihn zu den Menschen *spricht und wirkt, durch den* HEILIGEN GEIST. Dabei jedoch die rein menschliche Natur von Jesus Christus anzuerkennen.

b) ... „Was geschah mit Jesus Christus auf dem Kreuzweg?", um die Vertiefung des Verständnisses des Wortes GOTTES in Bezug auf „Geist und Materie":
Der Mensch soll im Geist, in GOTT, geboren werden, und *nicht* im Fleisch (vgl. Joh 1,13), der Materie.

Jesus Christus bezieht Heil und Erlösung auf Hören und Befolgen von seinem WORT, dem Evangelium, dem Wort und damit auch dem *GEIST* GOTTES, und ausdrücklich *nicht* auf sein Fleisch, seinen leiblichen, *materiellen* Körper (vgl. Joh 6,48–63).

Der Koran wiederum widerspricht nicht der Erzählung des Evangeliums, wenn es heißt: „doch sie töteten ihn nicht und kreuzigten ihn nicht (zu Tode), sondern es erschien ihnen nur so" (IV 157) sondern bestätigt vielmehr die Auferstehung von Jesus Christus zum Leben.
Auch in diesem Fall geht es um die Überwindung der Materie, hier den leiblichen Tod Jesu, durch den *GEIST* GOTTES.

c) ... „Jesus Christus: Sohn GOTTES?", um die Vertiefung des Verständnisses des Wortes GOTTES in Bezug auf „Zeit":

Das Evangelium blickt in die Vergangenheit, mit Jesus Christus geschaffen durch den HEILIGEN GEIST, dem „Sohn GOTTES" im „wörtlichen" Sinn.

Der Koran setzt den Blick fest auf Gegenwart und Zukunft, in der alle Menschen, die den Willen des VATERS erfüllen, Schwestern und Brüder sind, auch der Messias, Jesus (vgl. Mt 12,50). GOTT hat SICH niemanden im Besonderen – „keinen Sohn" – herausgenommen.

III. Wie die Schriften selbst deren Einheit fordern

1. Die Einheit der Schrift im Koran

Im Koran wäre nach meiner Überzeugung am deutlichsten zu erkennen, wie wichtig es für GOTT ist, an *alle* Schriften zu glauben *und* deren Gebote zu beachten:

„Alle glauben an GOTT und SEINE Engel und SEINE *Schriften* und SEINE Gesandten und machen keinen Unterschied zwischen SEINEN Gesandten. Und sie sprechen: ,*Wir hören und gehorchen.*'" (II 285)

Die Aufforderung des Korans „*hören und gehorchen*" bedeutet, dass die „*Schriften*" nicht nur als Offenbarungen GOTTES angenommen (hören), sondern auch deren Gebote befolgt werden sollten (gehorchen).

Gemäß der Lehrmeinung vieler Muslime von heute wurden die dem Koran vorangegangenen Schriften geändert und durch den Koran ersetzt.

Es gibt im Koran prinzipiell zwei Kritikpunkte:
Einerseits, dass Schriften „erfunden" wurden: „Aber wehe jenen, welche die Schrift selbst schreiben…" (II 79 ff.), wofür es zahlreiche Beispiele gibt, wie „Evangelien" nach Thomas, Barnabas oder sogar Judas, aber auch zahlreiche hebräische Schriften, die nicht Teil der hebräischen Bibel sind. Doch betrifft dies nicht die Schriften, welche von Juden bezüglich der hebräischen Bibel und von Christen bezüglich der Evangelien anerkannt wurden. Gerade diese werden, wie ich gleich zu zeigen versuche, durch den Koran bestätigt.
Andererseits sagt der Koran bezüglich der vorangegangenen Offenbarungen, dass *der Sinn* der Wörter *entstellt*

wurde (vgl. IV 46; V 13; V 41), oder mit *den Zungen verdreht* wurde (vgl. III 78). Dies bedeutet aber nicht, dass *die Wörter an sich entstellt wurden.*

Juden, Christen und Muslime kennen dieses Problem vielleicht aus Gesprächen zwischen den unterschiedlichen Lagern innerhalb der eigenen Religion. Zum Beispiel zwischen liberalen und orthodoxen Juden oder zwischen evangelischen und katholischen Christen oder zwischen schiitischen und sunnitischen Muslimen. Jeder ist der Überzeugung, der andere verstehe etwas falsch, er entstelle *den Sinn* der Schrift.

Der Koran wirft den Menschen also vor, dass sie *den Sinn* der Schriften entstellen, doch keineswegs, dass die Schriften *an sich* geändert wurden.

Im Gegenteil, der Koran selbst, das ist meines Erachtens entscheidend, versichert: „Wahrlich, Wir sandten die *Ermahnung* herab, *und Wir wollen fürwahr ihr Bewahrer sein.*" (XV 9)

Mit diesem Vers begründen Muslime, weshalb der Koran das unverfälschte Wort GOTTES ist. Doch wird bis heute in der Regel übersehen, dass hier nicht vom Koran gesprochen wird, dessen Erhaltung GOTT garantiert, sondern von der *Ermahnung.*
Erweitert wird der Begriff der „Ermahnung" an anderer Stelle um den Begriff der „Rechtleitung":
„ER sprach: ‚Geht von hier allesamt hinunter, jeder sei des anderen Feind! Doch wenn dann MEINE *Rechtleitung* zu euch kommt: Wer dann MEINER Leitung folgt, der soll weder irregehen noch unglücklich sein. Wer aber MEINE *Ermahnung* nicht annimmt, dem ist ein kümmerliches Leben beschieden. Und am Tage der Auferstehung werden Wir ihn blind vorführen.'" (XX 123–124)

Die „Rechtleitung" ist also ein Synonym für die „Ermahnung", deren Erhaltung GOTT garantiert (vgl. XV 9).

Der Koran bezeichnet aber nicht nur sich selbst als *Ermahnung* und *Rechtleitung,* sondern ebenso *die Tora* und *das Evangelium.*

„Und Wir gaben bereits Moses und Aaron die Richtschnur zur Unterscheidung des Richtigen vom Falschen und ein Licht und eine *Ermahnung* für die GOTTES-Fürchtigen, welche ihren HERRN im Verborgenen fürchten und vor der Stunde bangen. Und auch dies ist eine gesegnete *Ermahnung,* die Wir hinabgesandt haben. Wollt ihr sie etwa verwerfen?" (XXI 48–50)

„Und in ihren Spuren [der Propheten] ließen Wir Jesus folgen, den Sohn der Maria, um die Tora, die vor ihm war, zu bekräftigen. Und Wir gaben ihm das Evangelium mit einer *Rechtleitung* und einem Licht, die Tora, die vor ihm war, bestätigend als eine *Rechtleitung* und *Ermahnung* für die GOTTES-Fürchtigen." (V 46)

„Und Wir schrieben für ihn [Moses] auf die Tafeln eine *Ermahnung* und Erklärung für alle Dinge. ‚So halte daran mit aller Kraft fest. Und befiehl deinem Volke, am Besten daran festzuhalten.'" (VII 145)

„ER hat auf dich das Buch in Wahrheit herabgesandt, bestätigend, was ihm vorausging. Und ER sandte hinab die Tora und das Evangelium – (schon) zuvor – als eine *Rechtleitung* für die Menschen [...]" (III 3–4)

„Siehe, Wir haben die Tora hinabgesandt, in der sich eine *Rechtleitung* und ein Licht befinden, [...]" (V 44)

Außerdem bezeichnet GOTT nicht nur Muslime, sondern auch Juden und Christen als „Volk der *Ermahnung*" (vgl. XXI 7). Der Koran sagt darüber hinaus: „Trag vor, was dir von dem Buch deines Herrn geoffenbart wurde, dessen Wort *niemand verändert.*" (XVIII 27)

An dieser Stelle sehe ich eine weitere wichtige Bestätigung nicht nur des Korans, sondern auch der Tora und des Evangeliums, als ungefälschtes Wort Gottes. Denn als „das Buch" – „dessen Wort *niemand verändert*" – bezeichnet der Koran nicht nur sich selbst, sondern auch die Tora und das Evangelium.

„Sprich: Wer hat *das Buch* hinabgesandt, das Moses als ein Licht und eine Leitung für die Menschen brachte, und das ihr wie (bloßes) Papier behandelt, [...]?" (VI 91)

„Und Er wird ihn [Jesus] *das Buch* und die Weisheit und die Tora und das Evangelium lehren." (III 48)

„Und *dieses Buch* [der Koran], das Wir hinabsandten, ist gesegnet; *es bestätigt das Frühere.*" (VI 92)

Der Koran „*bestätigt* das Frühere". Wie ich denke, bedeutet eine Bestätigung des Vorangegangenen eine Bestätigung als unverfälschtes Wort Gottes.

Warum sollte Gott etwas, das Er nicht erhalten konnte oder das nicht mehr von Bedeutung sein sollte, bestätigen?

„Wahrlich, Wir entsandten Unsere Gesandten mit klarer Botschaft und schickten mit ihnen *das Buch* und die Waage herab, auf dass die Menschen Gerechtigkeit üben möchten. [...]." (LVII 25)
„Und wenn sie dich als Lügner behandeln, so bezichtigten schon diejenigen, die vor ihnen lebten, ihre Gesandten der Lüge, wenn sie mit deutlichen Beweisen, göttlichen Schriften und *dem Buch der Erleuchtung* zu ihnen gekommen waren." (XXXV 25)

Das „Buch der Erleuchtung" ist demzufolge nicht nur der Koran, sondern auch die vorangegangene Heilige Schrift.

Der Koran sagt: „Siehe, Wir haben die Tora hinabgesandt, in der sich eine Rechtleitung und ein Licht befinden, [...]. Darum fürchtet nicht die Menschen, sondern fürchtet MICH. Und verkauft nicht MEINE Botschaft um einen geringen Preis. Und wer nicht nach dem richtet, was GOTT hinabgesandt hat – das sind Ungläubige." (V 44)

„Siehe, *Wir haben die Tora hinabgesandt* [...] *Und wer nicht nach dem richtet, was GOTT hinabgesandt hat –* das sind Ungläubige [...]"*, lässt für mich nur die Schlussfolgerung zu, dass Gläubige nach der Tora richten sollten.

Weiter sagt der Koran: „Und die Leute des Evangeliums sollen nach dem urteilen, was GOTT darin herabgesandt hat; und wer nicht Urteil nach dem spricht, was GOTT hinabgesandt hat – das sind fürwahr Frevler." (V 47) „Und die Leute des Evangeliums sollen nach dem urteilen, *was GOTT darin herabgesandt hat* [...] *und wer nicht Urteil nach dem spricht, was GOTT hinabgesandt hat –* das sind fürwahr Frevler."*, lässt für mich nur die Schlussfolgerung zu, dass Gläubige nach dem Evangelium urteilen sollten.

Wären die Tora und das Evangelium „gefälscht", würde GOTT im Koran etwas verlangen, das unmöglich ist.

Nachdem die Tora und das Evangelium im Koran auch immer wieder als Rechtleitung benannt werden, möchte ich auch folgenden Vers zitieren: „[...] Und wenn zu euch Rechtleitung von MIR kommt, *wer dann MEINER Rechtleitung folgt*, über die soll keine Furcht kommen, und sie sollen nicht traurig sein."' (II 38) Die Rechtleitung, die Tora, das Evangelium und der Koran, soll also nicht nur als Schrift GOTTES angenommen, sondern auch befolgt werden.

Dass der Segen, welchen GOTT mit der Befolgung SEINER *Rechtleitung* verbindet, „über die soll keine Furcht kommen, und sie sollen nicht traurig sein", wirklich die Tora und das Evangelium mit einschließt, wird an folgendem Vers am deutlichsten: „*Wenn sie die Tora und das Evangelium befolgten und was zu ihnen von ihrem HERRN hinabgesandt wurde, wahrlich, dann speisten sie von dem, was über ihnen und zu ihren Füßen ist.*" (V 66)

Doch welches Licht und welche Ermahnung und Rechtleitung bekommen die Menschen von einem Buch, das sie nicht lesen? Auf welcher Grundlage steht ein Gesetz, das nicht anerkannt wird?

Der Koran sagt: „Und die Juden sprechen: ‚Die Christen fußen auf nichts!' Und die Christen sprechen: ‚Die Juden fußen auf nichts!'. Und doch lesen sie die Schrift. Mit ähnlichen Worten sprachen (schon) diejenigen, die überhaupt kein Wissen besitzen." (II 113)

Dieser Vers möchte verdeutlichen, dass *beide* Schriften, die Tora *und* das Evangelium, als Wort GOTTES gelesen werden sollten.

Der Satz „Und doch *lesen* sie *die Schrift*" erscheint mir dabei besonders wichtig. So wird deutlich, dass es sich bei der „Schrift" nicht, wie gerne von islamischen Gelehrten gesagt wird, um irgendeine andere oder heute nicht mehr auffindbare Schrift handelt, sondern um jene, welche Juden und Christen *lesen*. Bezüglich der Tora sind das die fünf Bücher Mose und bezüglich des Evangeliums die Evangelien nach Matthäus, Markus, Lukas und Johannes.

„Die, denen Wir die Schrift gaben und die sie richtig *lesen*, glauben an sie." (II 121)

Alles, was der Koran als „Schrift" bezeichnet, sollte demzufolge angenommen (geglaubt) und ebenso beachtet (gelesen) werden.

Die folgende Stelle im Koran möchte ich besonders hervorheben: „Sprich: O Volk der Schrift! *Ihr fußt auf nichts, ehe ihr nicht die Tora und das Evangelium befolgt* und was zu euch von euerem Herrn hinabgesandt worden ist." (V 68)

Nach meiner Überzeugung bestätigt dieser Vers die Tora und das Evangelium als ungefälscht und von GOTT erhalten. Wie könnten diese Schriften gefälscht worden sein, wenn GOTT die Forderung ausspricht, sie zu befolgen?
Hier wenden Muslime ein, „Volk der Schrift" beziehe sich nur auf Juden und Christen, was für die Zeit von Prophet Muhammad zutreffend ist.
Aber sind Muslime heute denn kein „Volk der Schrift" („Ahl al-Kitab")? Der Koran wird immer wieder als „das Buch" benannt („al-Kitab"), so dass Muslime heute genauso ein „Volk der Schrift" sind.

Selbst wenn dieser Vers des Korans nur Juden und Christen meinen würde, macht es Sinn, dass GOTT Juden und Christen hier auffordert, die Tora und das Evangelium zu befolgen sowie *alles, was GOTT hinabsandte*, während für Muslime nur der Koran ausreichend sein soll?

Was GOTT alles hinabgesandt hat, zeigt der Koran wie folgt auf: „Sprecht: ‚Wir glauben an GOTT und an das, was ER *zu uns herabsandte* und was ER *zu Abraham* und *Ismael* und *Isaak* und *Jakob* und *den Stämmen herabsandte* und *was Moses* und *Jesus* und *was den Propheten von ihrem HERRN gegeben wurde.*" (II 136)

„*ER hat auf dich das Buch* in Wahrheit *herabgesandt*, bestätigend, was ihm vorausging. *Und ER sandte hinab die Tora und das Evangelium.*" (III 3)

„Und *befolgt* das Beste von dem, *was* euch von euerem HERRN *herabgesandt worden ist*, [...]." (XXXIX 55)

Dieser Vers besagt, dass nicht nur an die Schriften geglaubt, sondern auch *befolgt* werden sollte, was GOTT herabgesandt hat.

Wie also könnten die Tora und das Evangelium falsch überliefert oder nicht mehr zu beachten sein?

„Siehe, Wir haben *dir* Offenbarung gegeben, wie Wir *Noah* Offenbarung gaben und *den Propheten* nach ihm und wie Wir *Abraham* und *Ismael* und *Isaak* und *Jakob* und ihren Nachkommen und *Jesus* und *Hiob* und *Jonas* und *Aaron* und *Salomo* Offenbarung gaben. *Und David gaben Wir die Psalmen.*" (IV 163)

Die ausdrücklich, nicht nur an dieser Stelle erwähnten Psalmen Davids finden sich ausschließlich in der Bibel und nicht im Koran.
Auch die biblischen Bücher Hiob und Jona(s) sind an Umfang und Inhalt nicht mit dem vergleichbar, was nur sehr knapp im Koran über Hiob und Jona(s) geschrieben ist.

In Bezug auf die Tora beschwört der Koran diese sogar als Offenbarung schlechthin in der Sure, die nach dem Berg Sinai benannt ist, als „der Berg":
„Bei dem Berg! Bei dem Buch, geschrieben auf ausgerolltem Pergament! [die Tora] [...] Wehe an diesem Tage all denen, welche die Wahrheit leugnen." (LII 1–12)
Die Tora wird in diesem Koranvers sogar genau in der Form beschrieben, in der sie Juden bis heute aufbewahren: „auf ausgerolltem Pergament".

„Dann gaben Wir Moses die *vollkommene Schrift*, als eine Gnade *für diejenigen, die Gutes tun* und als eine Klarlegung aller Dinge und als Rechtleitung und Barmherzigkeit, damit sie an die Begegnung mit ihrem HERRN glauben." (VI 154)

Hier bekommt die Tora ein ganz besonderes Attribut: „die *vollkommene Schrift*". Darüber hinaus wird die Tora an dieser Stelle als eine „Gnade *für diejenigen, die Gutes tun*" bezeichnet und nicht als eine Gnade ausschließlich für die Kinder Israels.

Weiter heißt es im Koran: „Und dieses Buch, das Wir hinabsandten, ist gesegnet. So folgt ihm und seid GOTTES-fürchtig, damit ihr Barmherzigkeit findet, und *damit ihr nicht sagt*: ‚Siehe, die Schrift wurde nur auf zwei Gemeinschaften vor uns niedergesandt, und wahrlich, *wir hatten keine Ahnung von ihrer Lehre.*'" (VI 155–156)

Vor dem Islam gab es nur zwei Gemeinschaften, welchen eine Schrift gegeben wurde: Juden und Christen. Wie ich denke, ist es nur möglich eine „Ahnung von ihrer Lehre" zu haben, wenn deren Heilige Schrift als Wort GOTTES gelesen und verstanden wird. An dieser Stelle wird ebenfalls deutlich (vgl. II 113), dass es sich bei der von GOTT erhaltenen *Schrift* nicht um irgendeine Schrift handelt, sondern um jene, *welche von Juden und Christen gelehrt wird*: also bezüglich *der Tora* um die Bücher Mose, und bezüglich *des Evangeliums* um die Evangelien nach Matthäus, Markus, Lukas und Johannes.

„Wir gaben fürwahr schon Moses die Rechtleitung und machten die Kinder Israels zu Erben der Schrift, als Anleitung und Erinnerung für die Verständigen." (XL 53–54)
„Anleitung und Erinnerung für die Verständigen" bedeutet, dass jeder Mensch, der verständig sein möchte, sich diese Schrift zu Herzen nehmen sollte.

„Sprich: ‚So bringt die Tora und lest sie vor, wenn ihr die Wahrheit sagt.' Wer also von da an noch eine Lüge gegen GOTT erdichtet, das sind die, die wirklich Unrecht tun." (III 93–94)

Dies ist eine eindringliche Bestätigung der Tora als Wort GOTTES. Wie könnte der Koran die Aufforderung aussprechen, aus der Tora vorzulesen, wenn diese gefälscht und nicht von GOTT erhalten wäre?

Warum der Koran, was meiner Ansicht nach auch für die übrige Heilige Schrift gilt, so viele Menschen zu unterschiedlicher Deutung verleitet, erklärt der Koran wie folgt: „ER ist es, DER auf dich das Buch herabsandte. In ihm sind eindeutig klare Verse – sie sind die Mutter des Buchs – und andere, mehrdeutige. Diejenigen nun, deren Herzen zum Abweichen neigen, suchen vor allem das Mehrdeutige darin, um Uneinigkeit zu verursachen und es (nach eigenem Gutdünken) auszulegen." (III 7)

GOTT deckt also diejenigen auf, in deren Herzen Krankheit ist. Das sind diejenigen, welche die Heiligen Schriften auslegen, „um Uneinigkeit zu verursachen".

Der Vers endet mit den Worten: „Seine Deutung kennt jedoch niemand außer GOTT. Und die mit fundiertem Wissen sprechen: ‚Wir glauben daran. *Das eine wie das andere* ist von unserem HERRN.' Aber nur die Verständigen beherzigen es." (III 7)

Der Hinweis „Wir glauben daran. *Das eine wie das andere* ist von unserem HERRN" kann sich nur auf den Vers beziehen, der kurz zuvor aufgeführt wird: „ER hat auf dich das Buch in Wahrheit herabgesandt, bestätigend, was ihm vorausging. Und ER sandte hinab die Tora und das Evangelium." (III 3)

„*Das eine wie das andere*" sind demzufolge die Tora, das Evangelium und der Koran. Muslime sagen heute, sie „glauben" an die Tora und das Evangelium, aber diese wären gefälscht. Der „Glaube" an diese drei Schriften wird an dieser Stelle (vgl. III 3–7) im Zusammenhang mit dem Verständnis und der Deutung der Heiligen Schrift hervorgehoben. Dies bedeutet, dass der Koran mit „an die Schriften *glauben*" meint: annehmen als das *unverfälschte* und gültige Wort GOTTES.

Darüber hinaus erklärt der Koran: „Die Menschen waren eine einzige Gemeinschaft. Dann entsandte GOTT Propheten als Freudenboten und Mahner und sandte mit ihnen *die Schrift mit der Wahrheit hinab*, damit sie unter den Menschen über das entscheide, worüber sie uneins waren. Uneins aber waren ausgerechnet jene, denen sie gegeben worden war, und nachdem sie deutliche Beweise erhalten hatten, *aus Neid zueinander*. Doch GOTT leitet die Gläubigen zu der Wahrheit, über die sie mit SEINER Erlaubnis uneins gewesen waren; denn GOTT leitet, wen ER will, auf den geraden Weg." (II 213)

Ist es nicht genauso? Seit beinahe 1400 Jahren sagen Juden und Christen zum Koran: abgeschrieben, Muslime zur Tora und dem Evangelium: gefälscht. Die Heiligen Schriften hingegen, wie ich zu zeigen versuche, ergänzen sich und lassen sich ohne Widerspruch lesen.

Fazit:
Prophet Muhammad hat meiner Meinung nach die Notwendigkeit, allen Propheten und Schriften zu folgen, mit einer oft zitierten Aussage unterstrichen, er sei der letzte Stein in dem Haus, das die Propheten gebaut haben. „Das Gleichnis von mir und den Propheten vor mir ist wie das Gleichnis von einem Mann, der ein Haus baute, es gut ausstattete und schön herrichtete bis auf den Platz für einen Stein an einer Ecke. Die Leute begannen, darum herumzugehen, bewunderten es und fragten: ‚Warum wurde dieser Stein nicht eingefügt?' Ich bin der Stein und ich bin das Siegel der Propheten."
(*ALLAHS Gesandter hat gesagt ...*, S.66 f.)

Diese Aussage ist der Aussage von Jesus Christus im Evangelium sehr ähnlich, er sei nicht gekommen, um die Propheten aufzuheben, sondern zu erfüllen (vgl. Mt 5,17).

GOTT ist der Bauherr, das Wort der Propheten das Haus. Das Wort GOTTES durch Prophet Muhammad, der Koran, ist der Abschluss des Hauses der Schrift.

Wenn Prophet Muhammad hätte sagen wollen, der Koran wäre für sich ausreichend, dann denke ich, hätte er gesagt, er habe ein neues, besseres Haus gebaut.

Prophet Muhammad hätte auch nie nach der Tora gerichtet, wie in dem Fall eines jüdischen Mannes und einer jüdischen Frau (vgl. *Von der Sunna des Propheten*, S.278), wenn er nur den geringsten Zweifel an der Echtheit und Unverfälschtheit der Tora gehabt hätte.

Ich hoffe, dass die Erklärung in Kapitel II es auch Muslimen ermöglicht, das Evangelium und die Tora als unverfälschtes Wort GOTTES anzunehmen. An die Schrift *glauben* heißt, die Bedeutung des Urtextes so *anzunehmen,* wie sie heute vorliegt.

Der Koran beschreibt die momentane Lage sehr treffend: „‚Wahrlich, diese euere Gemeinschaft ist *eine einzige* Gemeinschaft, und ICH bin euer HERR, darum dient nur MIR.‘ Aber sie sind unter sich tief zerstritten. Alle jedoch werden zu Uns zurückkehren." (XXI 92–93)

„‚Und diese eure Gemeinschaft ist *eine einzige* Gemeinschaft, weil ICH euer aller HERR bin. So bleibt euch MEINER bewusst!‘ Aber sie wurden uneins und zerfielen in Sekten, und jede Partei erfreut sich dessen, was sie haben." (XXIII 52–53)

Anmerkungen zu einigen Themen, welche im Zusammenhang mit dem Islam für Unsicherheit sorgen:

– Zum Thema Zwangsehe
Eine Überlieferung von Propheten Muhammad besagt sehr eindeutig: „Die Jungfrau soll *nicht verheiratet werden, bis ihre Zustimmung eingeholt wurde.*"
(*Allahs Gesandter hat gesagt...*, S.215; vgl. *Von der Sunna des Propheten*, S.168)

Da der Koran die Scheidung erlaubt, wenn auch als Letzte aller Möglichkeiten, erschiene mir der Gedanke der „Zwangsehe" aus der Sicht des Islam von vornherein völlig widersprüchlich. Wenn diese vorislamische Tradition in manchen Ländern mit islamischer Staatsreligion trotz allem immer noch praktiziert wird, so ist dies nicht nur ein Bruch mit dem Menschen- und Frauenrecht, sondern auch mit islamischem Recht.

– Zum Thema Mädchenbeschneidung
Gemäß den Überlieferungen und Aussagen über den Propheten Muhammad untersagte dieser jeglichen schönheitschirurgischen Eingriff (z.B. Tätowierungen, Zähnefeilen), um dadurch nicht „Gottes Schöpfung zu ändern".
(vgl. *Von der Sunna des Propheten*, S.74)
Wie viel mehr bedeutet die Mädchenbeschneidung einen unwiderruflichen Eingriff in die Schöpfung Gottes, in den menschlichen Körper?
Der folgende Koranvers betrachtet *jeglichen* Eingriff in die Schöpfung als Wirken des Bösen:
„Und er [Satan] sprach [zu Gott]: „Wahrlich, ich will einen bestimmten Teil Deiner Diener nehmen und sie in die Irre führen [...] *und ihnen befehlen, die Schöpfung Gottes zu verändern.*" (IV 118–119)
Da es in Bezug auf die nicht zu verändernde Schöpfung Gottes keine Einschränkung gibt, sollte dies auch die

Beschneidung eines gesunden jungen Mädchens mit den damit verbundenen organischen und seelischen Störungen betreffen.

Gemäß Ibn Isaqh wurde die (Un-)Sitte der Mädchenbeschneidung in fast allen Ländern, die den Islam annahmen, abgeschafft – ausgenommen dem Sudan und Ägypten (vgl. Ibn Isaqh, S.264).

– Zum Thema „Ehrenmord"

Es gibt im Koran nur eine einzige Erwähnung der Todesstrafe für einen Menschen: die Vergeltung eines mit mehreren Zeugen nachgewiesenen Mordes. Allerdings mit einem entscheidenden Zusatz:

„Und Wir hatten ihnen [den Juden] darin [der Tora] vorgeschrieben: Leben um Leben, Auge um Auge, Nase für Nase, Ohr für Ohr, Zahn um Zahn, und Wiedervergeltung auch für Wunden. *Wer dies aber mildtätig vergibt, dem soll das eine Sühne sein.*" (V 45)

Damit kommt der Koran zu einem vergleichbaren Ergebnis wie das Evangelium: „Wer von euch ohne Sünde ist, werfe als Erster einen Stein auf sie." (Joh 8,7)

Denn wer ist ohne Sünde? Und wer sollte nicht mildtätig vergeben, wenn dies eine Sühne ist?

Vor allem wenn es sich dabei um eine Frau handelt, die mit einem Ehebruch, oder womöglich mit einem unehelichen Kind, sich selber am meisten schadet. Ich denke im Gegensatz dazu an sehr schlimme andere, wirkliche Verbrechen.

Eine Überlieferung des Propheten Muhammad besagt sogar im Falle eines Krieges: „tötet nicht die alten Schwachen und nicht die kleinen Kinder und nicht die Frauen." (*ALLAHS Gesandter hat gesagt ...*, S.192)

Damit sollte die Tötung von Kindern und Frauen, unabhängig ob in Friedens- oder Kriegszeiten und welchen Glauben diese Kinder und Frauen haben, grundsätzlich ausgeschlossen sein.

Meiner Überzeugung nach sind damit alle Ermordungen von Frauen und Kindern, wie auch „Ehrenmorde" oder „Steinigungen" von Frauen mit unehelichen Kindern, grundsätzlich mit dem Islam nicht vereinbar.

–   Aber auch, um ein weiteres Thema aufzugreifen, „Selbstmordattentate", welche vor allem alte Menschen, Frauen und Kinder treffen.

Was „Selbstmordattentate" betrifft, so gibt es einen Vers im Koran, der dies wirklich verbieten sollte: „Und *bringt euch nicht selbst ums Leben*; siehe, GOTT ist barmherzig gegen euch. Und wer dies in *böser Absicht* und zu unrecht tut, wahrlich, den werden Wir im Feuer brennen lassen; und dies ist GOTT ein leichtes" (IV 29–30).

Könnte es, gerade unter der eben besprochenen Überlieferung des Propheten Muhammad, eine bösere Absicht geben, als Unschuldige, Frauen und Kinder zu ermorden? Gerade wenn GOTT mit dem „Feuer" droht, sollte doch bewusst sein, dass Selbstmordattentate vor GOTT *nicht zu entschuldigen sind, und in keinem Fall getan werden dürfen!*

Auch wenn öfters eingewendet wird, die Hölle wäre mit einem barmherzigen GOTT nicht vereinbar: Wird nicht erst richtig offensichtlich, wie wenig die Menschen auf GOTT hören, wenn sie trotz ihres „Glaubens", und unter dieser schlimmsten aller Androhungen, dann immer noch genau das tun, was sie nicht tun sollten?

Der Koran sagt: „Aus diesem Grunde haben Wir den Kindern Israels angeordnet, dass, wer einen Menschen tötet, *ohne dass dieser einen Mord begangen oder Unheil im Lande angerichtet hat, wie einer sein soll, der die ganze Menschheit ermordet hat.* Und wer ein Leben erhält, soll sein, als hätte er die ganze Menschheit am Leben erhalten. Und zu ihnen kamen Unsere Gesandten mit deutlichen Beweisen; aber selbst dann waren viele von ihnen (weiterhin) ausschweifend auf Erden." (V 32)

– Über die Zerstörung von Synagogen, Kirchen und Moscheen

Auch die Zerstörung von GOTTES-Häusern, sei dies eine Moschee, eine Kirche oder eine Synagoge, ist mit dem Islam nicht vereinbar:

„Und wer ist sündiger, als wer verhindert, *dass in* GOTTES *Gebetsstätten* SEIN *Name genannt wird, und sich anstrengt, sie zu zerstören*? Solche (Leute) sollten sie nicht anders als in Furcht (vor GOTT) betreten. In diesem Leben trifft sie Schande und im Jenseits schmerzliche Strafe!" (II 114)

Dass es sich bei den besagten „Gebetsstätten" nicht nur um Moscheen, sondern auch genauso um Kirchen und Synagogen handelt, wird an folgendem Vers deutlich:

„Jenen, die schuldlos aus ihren Wohnungen vertrieben wurden, nur weil sie sagten: ‚Unser HERR ist GOTT!' Und hätte GOTT nicht die einen Menschen durch die anderen abgewehrt, wären (viele) Klöster, Kirchen, Synagogen und Moscheen, *in denen* GOTTES *Name häufig gedacht wird*, bestimmt zerstört worden." (XXII 40)

Demzufolge sind auch Synagogen, Kirchen und Klöster Orte „in denen GOTTES Name häufig gedacht wird" (vgl. XXII 40), „und wer ist sündiger, als wer verhindert, dass in GOTTES Gebetsstätten SEIN Name genannt wird, und sich anstrengt, *sie zu zerstören*?" (vgl. II 114)

– Zuletzt noch einige Worte zu dem „Karikaturenstreit", als Millionen von Muslimen auf die Straße gingen, nachdem Karikaturen über den Propheten Muhammad veröffentlicht wurden.

Der „Karikaturenstreit" zeigte, wie ich denke, Schwächen auf beiden Seiten auf. Im Westen wäre dies die ständige Verleumdung und üble Nachrede, welcher die Menschen vor allem durch Boulevardmedien ausgesetzt sind. Prophet Muhammad ist diesbezüglich ja nur eines von Millionen anderer Beispiele.

Der Islam empfiehlt nicht nur, nicht schlecht über andere Menschen zu sprechen, wenn eine Ungewissheit über deren falsches Verhalten besteht, das wäre „Verleumdung", sondern auch dann, wenn eine Gewissheit über deren falsches Verhalten besteht, das wäre „üble Nachrede". Dies macht sich in Ländern mit islamischer Staatsreligion sehr angenehm bemerkbar, auch in den Medien, da es dort verpönt ist, schlecht über andere Menschen zu sprechen. Dies geschieht ohne Zensur oder staatliche Vorgaben. Das Fehlen von Zensur, die Pressefreiheit, hat wiederum eine wichtige Kontrollfunktion und ist auch bedeutend für das Gebot „Kein Zwang im Glauben!" (II 256). Wenn gewisse Journalisten diese Freiheit missbrauchen, so ist niemand gezwungen, deren Schriften oder Bilder zu kaufen oder zu lesen.

Würde ich den Koran befragen, wie auf eine Situation wie die Karikatur des Propheten zu reagieren ist, so würden mir folgender Vers auffallen:
„Und diejenigen, welche *mit Würde weitergehen*, wenn sie unterwegs frivole Reden hören." (XXV 72)

GOTT will also nicht, dass der Mensch sich provozieren lässt, und das sollte „frevelhafte" Bilder genauso betreffen, wie „frevelhafte" Reden.

Wenn es aber dennoch zu Demonstrationen kommt – wie auch von islamischen Gelehrten angemahnt wurde – sollten diese friedlich sein:

„Und wetteifert um die Verzeihung eueres HERRN und einen Garten, der weit ist wie die Himmel und die Erde, bereitet für die GOTTES-Fürchtigen. Die da spenden in Freud und Leid *und den Zorn unterdrücken und den Menschen vergeben – und* GOTT *liebt die Gutes Tuenden.*"
(III 133–134)

2. Die Einheit der Schrift im Evangelium

a) Jesus Christus bezieht die Tora und das Wort aller
    Propheten als Grundlage in das Evangelium mit ein.

„Denkt nicht, ich sei gekommen, um das Gesetz und die
Propheten aufzuheben. Ich bin nicht gekommen um aufzuheben, sondern um zu erfüllen.

Amen, das sage ich euch: Bis Himmel und Erde vergehen,
wird auch nicht der kleinste Buchstabe des Gesetzes vergehen, bevor nicht alles geschehen ist.

Wer auch nur eines von den kleinsten Geboten aufhebt
und die Menschen entsprechend lehrt, der wird im Himmelreich der Kleinste sein. Wer sie aber hält und halten
lehrt, der wird groß sein im Himmelreich.

Darum sage ich euch: Wenn euere Gerechtigkeit nicht
weit größer ist als die der Schriftgelehrten und Pharisäer,
werdet ihr nicht in das Himmelreich kommen." (Mt
5,17–20)

Warum also lehrt Paulus: „Jetzt aber sind wir frei geworden von dem Gesetz, an das wir gebunden waren, wir
sind tot für das Gesetz und dienen in der neuen Wirklichkeit des Geistes, nicht mehr in der alten des Buchstabens."
(Röm 7,6)?

Jesus Christus hätte doch gar nicht eindringlicher heraus-
stellen können: „Bis Himmel und Erde vergehen, wird
auch nicht der kleinste Buchstabe des Gesetzes vergehen,
[...]." (Mt 5,18)

Wenn Jesus Christus anschließend anfügt, „bevor nicht
alles geschehen ist", unterstreicht dies die Gültigkeit von
Gesetz und Geboten. Es gibt viele Prophezeiungen in der
Bibel, die sich noch nicht erfüllt haben, die noch nicht
„geschehen" sind. Wer es als anmaßend empfindet die
Worte von Paulus als Wort GOTTES in Frage zu stellen, den

bitte ich die oben aufgeführte Aussage von Paulus (Röm 7,6) möglichst genau zu bedenken.

Warum sollte GOTT nach nur wenigen Jahren etwas aufheben, auf das ER gerade zuvor bis zum Ende der Welt verpflichtet hat? Können und dürfen die Jünger ihrem MEISTER derart widersprechen? Kann Paulus das Gesetz einfach aufheben: „wir sind tot für das Gesetz"?

Ich möchte noch einmal in Erinnerung rufen, dass Paulus in der Urkirche sehr umstritten war.

Fast noch eindringlicher sagt Jesus Christus: „Nicht jeder, der zu mir sagt: Herr! Herr!, wird in das Himmelreich kommen, sondern *nur, wer den Willen meines* VATERS *im Himmel erfüllt.* Viele werden an jenem Tag zu mir sagen: Herr, Herr, sind wir nicht in deinem Namen als Propheten aufgetreten, und haben wir nicht in deinem Namen Dämonen ausgetrieben und mit deinem Namen viele Wunder vollbracht? Dann werde ich ihnen antworten: Ich kenne euch nicht. *Weg von mir, ihr Übertreter des Gesetzes!"* (Mt 7,21–23)

Paulus hat im Namen von Jesus Christus Wunder vollbracht. Aber er hat das Gesetz nicht nur übertreten, sondern er hat es aufgehoben.

Paulus sagt: „Er [Jesus] hob das Gesetz samt seinen Geboten und Forderungen auf [...]." (Eph 2,15)

Paulus begründet die Aufhebung des Gesetzes, indem er das Gleichnis von Jesus Christus bezüglich seines „Fleisch und Blut" wörtlich auf den physischen Leib von Jesus Christus bezieht (vgl. Kapitel II.2.).

Jesus Christus aber bezieht Heil und Erlösung auf sein Wort, dem Wort GOTTES, welches das Wort *aller* Propheten mit einschließt (vgl. Mt 5,17–20).

Wichtig erscheint mir, dass Jesus Christus und Prophet Muhammad das Gesetz – die Tora, erweitert durch die

Propheten Israels, dem Evangelium und dem Koran –
in manchen Punkten weitreichender erklärt oder aber
erleichtert haben.

Ganz allgemein formuliert der Koran diese „Änderungs-
befugnis" folgendermaßen: „Was Wir auch an Versen aufheben oder in Vergessenheit fallen lassen. Wir bringen
bessere oder gleichwertige dafür." (II 106)
„Jedes Zeitalter hat sein Buch. GOTT löscht, oder bestätigt,
was ER will, [...]." (XIII 38–39)

Im Zweifelsfall gilt also das Gebot, welches als Letztes
herabgesandt worden ist. Dies bezieht sich allerdings nur
auf einzelne Gebote, und bedeutet nicht, dass grundsätzlich alles, das in der nachfolgenden Schrift nicht erwähnt
wird, gelöscht ist. Wie ich zu zeigen versuchte, *bestätigt*
der Koran die Tora und das Evangelium als Rechtleitung,
Licht und Ermahnung. Eine sehr wichtige Erleichterung
(oder besser: „Gnade"; vgl. Joh 1,17) durch Jesus Christus
ist die Aufhebung der Todesstrafe, indem er sagt, als eine
beim Ehebruch ertappte Frau zu ihm gebracht wird: „Wer
von euch ohne Sünde ist, werfe als Erster einen Stein auf
sie." (Joh 8,7) Was damals galt und auch angenommen
wurde, sogar von den Ältesten der Juden, das sollte heute
für alle Menschen Gültigkeit haben. *Auch das ist* GOTTES
Gesetz!

GOTT hat also durch Jesus Christus das Gesetz erleichtert,
zum Beispiel in Bezug auf die Bestrafung bei Gesetzes-
bruch, doch abgeschafft hat ER nach meiner Überzeugung das Gesetz nicht. Deshalb sagt Jesus Christus zu der
Ehebrecherin: „Geh und sündige von jetzt an nicht mehr!"
(Joh 8,11)

Leider wurden die Begriffe „Gesetz" und „Sünde" in der
Vergangenheit häufig missbraucht, um eigene Interessen

durchzusetzen oder um andere Menschen zu unterdrücken oder etwas aufzuzwingen, und sind heute deshalb sehr belastet. Nach meiner Auffassung verfolgen alle Gebote das Ziel, ein harmonisches Zusammenleben der Menschen zu ermöglichen, welches nicht auf Kosten anderer, der Umwelt, von sich selbst und der Zuwendung zu GOTT geschieht.

Die Grundforderung des Korans: „Kein Zwang im Glauben!" (II 256) erscheint mir dabei ebenfalls sehr wichtig, bewirkt Zwang doch immer nur das Gegenteil von dem, was eigentlich angestrebt wird.

So erkennt Paulus eigentlich ganz richtig: „[...]; durch das Gesetz kommt es vielmehr zur Erkenntnis der Sünde." (Röm 3,20)
In anderen Worten ausgedrückt: Zur Erkenntnis von „Gut und Böse" oder zur Erkenntnis der Dinge, die „gut oder schlecht" für den Menschen sind.
Jesus sagt: „Amen, amen, das sage ich euch: Wer die *Sünde tut*, ist Sklave der Sünde." (Joh 8,34)
Ganz wichtig ist also im Evangelium nicht nur die Erkenntnis der „Sünde", sondern auch, dass dieser Erkenntnis die entsprechenden Handlungen oder Taten oder „Werke" folgen, also keine „Sünde" zu *tun*.

Wie also konnte Paulus dann zu dem Schluss kommen: „[...] damit wir gerecht werden durch den Glauben an Christus und nicht durch die Werke des Gesetzes; denn *durch Werke des Gesetzes wird niemand gerecht*."? (Gal 2,16)
Paulus hatte nach seiner Bekehrung vom „Saulus zum Paulus" (vgl. Apg 9,1–22) einen großen inneren Konflikt mit der Tora. Er hatte zuvor an der Steinigung des Apostel Stephanus mitgewirkt (vgl. Apg 7,45–8,1a) und die Christen verfolgt (vgl. Apg 8,1b–8,3), was er durch seine Berufung später als Fehler erkennen musste.

Paulus hätte seinen Fehler, die Urkirche zu verfolgen, einfach voll und ganz eingestehen können. Stattdessen versucht er diesen Fehler der Befolgung der Tora zuzuschreiben: „Ich wurde am achten Tag beschnitten, bin aus dem Volk Israel, vom Stamm Benjamin, ein Hebräer von Hebräern, lebte als Pharisäer nach dem Gesetz, verfolgte voll Eifer die Kirche *und war untadelig in der Gerechtigkeit, wie sie das Gesetz vorschreibt*." (Phil 3,5–6)

Hat die Tora denn zum Gesetz, unschuldige Menschen zu verfolgen? Diesen Eindruck erweckt Paulus durch seine Aussage. Denn zu der Zeit, als Paulus diese Aussage traf, war Jesus in seinen Augen der Messias.
Wie also kann Paulus sagen: „war *untadelig* in der Gerechtigkeit, wie sie das Gesetz vorschreibt." (Phil 3,6)
Paulus entwickelte eine starke Abneigung gegen die Tora, in der er die Schuld für seine Vergehen gegen die Urkirche sah, und transportiert diese Abneigung auf den Leser seiner Briefe.
Hierzu möchte ich eine weitere Textstelle aufführen.
Paulus sagt: „Ihr, die ihr euch dem Gesetz unterstellen wollt, habt ihr denn nicht gehört, was im Gesetz steht? In der Schrift wird gesagt, dass Abraham zwei Söhne hatte, einen von der Sklavin, den andern von der Freien. Der Sohn der Sklavin wurde auf natürliche Weise gezeugt, der Sohn der Freien aufgrund der Verheißung. Darin liegt ein tieferer Sinn: Diese Frauen bedeuten die beiden Testamente. Das eine Testament stammt vom Berg Sinai und bringt Sklaven zur Welt; das ist Hagar – denn Hagar ist Bezeichnung für den Berg Sinai in Arabien – und ihr entspricht das gegenwärtige Jerusalem, das mit seinen Kindern in der Knechtschaft lebt." (Gal 4,21–25)
Paulus bezeichnet die Tora, das Wort GOTTES, welches Moses am Berg Sinai empfing, als Testament, das Sklaven hervorbringt, und verbindet dies mit Hagar, als Sinnbild für Sklaverei.

Gerade in Betracht der zuvor zitierten Aussage von Jesus Christus: „Amen, amen, das sage ich euch: Wer die Sünde tut, ist Sklave der Sünde." (Joh 8,34), und der Feststellung, dass es durch das Gesetz zur „Erkenntnis der Sünde" (Röm 3,20) kommt, würde ich den Schluss ziehen, dass das Gesetz nicht Sklaven hervorbringen, sondern von der Sklaverei befreien sollte.

Anschließend sagt Paulus, die Magd Hagar betreffend: „Ihr aber, Brüder, seid Kinder der Verheißung wie Isaak. Doch wie damals der Sohn, der auf natürliche Weise gezeugt war, den verfolgte, der kraft des GEISTES gezeugt war, so geschieht es auch jetzt. In der Schrift aber heißt es: *Verstoß die Sklavin und ihren Sohn! Denn nicht der Sohn der Sklavin soll Erbe sein, sondern der Sohn der Freien.* Daraus folgt also, meine Brüder, dass wir nicht Kinder der Sklavin sind, sondern Kinder der Freien." (Gal 4,28–31)
Paulus sagt: „In der Schrift aber heißt es: Verstoß die Sklavin und ihren Sohn! Denn nicht der Sohn der Sklavin soll Erbe sein, sondern der Sohn der Freien.", und er stellt dies so dar, als wäre dies das Wort von GOTT.

Die Tora aber berichtet: „Eines Tages beobachtete Sara, wie der Sohn, den die Ägypterin Hagar Abraham geboren hatte, umhertollte. Da sagte *sie* zu Abraham: *Verstoß diese Magd und ihren Sohn! Denn der Sohn dieser Magd soll nicht zusammen mit meinem Sohn Isaak Erbe sein.* Dieses Wort verdross Abraham sehr, denn es ging doch um seinen Sohn. GOTT sprach aber zu Abraham: Sei wegen des Knaben und deiner Magd nicht verdrossen! Hör auf alles, was dir Sara sagt! Denn nach Isaak sollen deine Nachkommen benannt werden. *Aber auch den Sohn der Magd will* ICH *zu einem großen Volk machen, weil auch er dein Nachkomme ist.*" (Gen 21,9–13)
Nicht GOTT, sondern Sara verstößt die Magd.

Außerdem spricht GOTT bezüglich Isaak nicht von dem „Erbe", sondern dass nach Isaak die Nachkommen benannt werden sollen, was sich durch seinen Sohn Jakob, später umbenannt auf „Israel", erfüllt hat.

GOTT betont sogar, auch den Sohn der Magd, Ismael, zu einem „großen Volk" zu machen. Hierin könnte Prophet Muhammad, der einzige Prophet der Nachkommen Ismaels, auch als Erfüllung des Wort GOTTES in der Tora erkannt werden.

Denn ein „großes Volk" sind die Kinder Ismaels, ich hoffe, diese würden mir darin zustimmen, vor allem durch Prophet Muhammad geworden.

Paulus sagt zudem, Isaak sei „kraft des GEISTES gezeugt". Diese Formulierung trifft meines Erachtens aber nur für Jesus Christus zu (vgl. Lk 1,34–35), nicht für Isaak.

Sara und Abraham waren lediglich in einem Alter, in dem sie normalerweise keine Kinder mehr bekommen konnten. In diesem Sinn half GOTT bei der Zeugung von Isaak, aber von einer Schaffung durch den HEILIGEN GEIST („kraft des GEISTES"), wie bei Jesus Christus, kann meiner Überzeugung nach nicht gesprochen werden.

Außerdem besagt die Heilige Schrift an keiner Stelle, dass Ismael den Isaak verfolgte. Nach der oben beschriebenen Verstoßung von Hagar und Ismael ist über Ismael in der Tora nur noch zu erfahren, dass er und Isaak gemeinsam, also friedlich, ihren Vater Abraham nach dessen Tod begruben (vgl. Gen 25,9).

Paulus schafft also zum einen ein Ungleichgewicht und zum anderen stiftet er Unfrieden zwischen den Brüdern Ismael und Isaak, und ihren Nachkommen, wenn er sagt: „Doch wie damals der Sohn, der auf natürliche Weise gezeugt war, *den verfolgte,* der kraft des GEISTES gezeugt war, so geschieht es auch jetzt."

In diesem Punkt übernimmt und verstärkt Paulus die jüdische Tradition. Juden lehren und beten noch heute:
„Als uns Vater Jakob auf dem Totenbett im Sterben lag, versammelten sich seine zwölf Söhne um das Bett. Mit großen Zweifeln im Herzen betrachtete er die ihn Umstehenden: ‚Wer von meinen zwölf Söhnen glaubt nicht wie ich voll an den SCHÖPFER der Welt und dient IHM künftig nicht wie ich? Es ist doch unmöglich, dass ich mich dessen erfreuen darf, *was sowohl* meinem Vater *wie meinem Großvater versagt war*: Mein Vater Isaak hatte einen Sohn namens Esau*; mein Großvater Abraham hatte einen Sohn namens Ismael.* Ist es denn möglich, dass alle meine zwölf Söhne bereit sind, meinem Vorbild zu folgen, und GOTT zu dienen?'" (zitiert nach Israel M. Lau, S.39)
In diesem jüdischen Gebet, in dem ansonsten empfehlenswerten Buch über jüdische Lehre und Lebensweise, wird angedeutet, dass Ismael *nicht* dem Vorbild seines Vaters folgte, und bereit gewesen wäre, GOTT zu dienen.
GOTT würde aber Ismael und seine Nachkommen niemals zu einem großen Volk machen (vgl. Gen 21,13), wenn Ismael nicht bereit gewesen wäre, GOTT zu dienen.

Ich persönlich könnte bei einem Vergleich von Ismael und den Söhnen Jakobs in der Tora bestenfalls feststellen, dass sich Ismael im Gegensatz zu den Söhnen Jakobs, ausgenommen Joseph und Benjamin, nichts zuschulden hat kommen lassen, was die Tora – welche für die Söhne Jakobs zu deren Lebzeit allerdings noch nicht existierte – als schlimmes Vergehen hervorhebt. Die Söhne Jakobs hingegen verkauften ihren Bruder Joseph als Sklaven (vgl. Gen 37,27–28; Verbot gemäß Ex 21,16), ausgenommen Ruben. Doch ausgerechnet Ruben hatte bereits zuvor das Bett seines Vaters Jakob entweiht (vgl. Gen 35,22; Verbot gemäß Lev 20,11). Aber die Menschen sollten verzeihen und nicht nachtragen, so wie Joseph dies als Beispiel gegenüber seinen Brüdern gibt.

Dass das eben zitierte jüdische Gebet in seiner frommen Darstellung der Söhne Jakobs durchaus im Sinne GOTTES ist, abgesehen von der Darstellung Ismaels, bestätigt ausgerechnet der Koran: „Oder wart ihr Augenzeugen, als Jakob der Tod nahte? Da sprach er zu seinen Söhnen: ‚Was werdet ihr nach mir anbeten?' Sie sprachen: ‚Anbeten werden wir deinen GOTT und den GOTT deiner Väter Abraham und Ismael und Isaak, den einzigen GOTT, und IHM sind wir völlig ergeben.'" (II 133)

Der Koran bestätigt also die Söhne Jakobs in ihrer Bereitschaft, dem Vorbild ihrer Väter zu folgen, und GOTT zu dienen, wie es auch das jüdische Gebet hervorhebt.

Wer den Koran genau analysiert, kann darin Neutralität und Sachlichkeit genauso wie die Barmherzigkeit GOTTES erkennen. Paulus fehlt diese Neutralität und Barmherzigkeit, wenn er neben vielem anderen behauptet, dass „der Sohn, der auf natürliche Weise gezeugt war, den verfolgte, der kraft des GEISTES gezeugt war."

Die Worte gegen Ismael, wie auch zuvor gegen Hagar, sind dabei aber nur ein kleiner Teil der Lehre des Paulus, welche von Christen übernommen wurde.
Wenn sich heute Muslime in Ländern mit vorwiegend christlichem Glauben häufig als geringschätzig behandelt fühlen, so sehe ich in der Lehre von Paulus, welche das Denken der abendländischen Gesellschaft seit knapp zwei Jahrtausenden weitreichend beeinflusst, eine nicht zu unterschätzende Ursache.

Welchen Anteil am Denken der Menschen dann aber die Worte von Paulus haben müssen, welche dieser gegen Juden und Frauen ausspricht, werde ich etwas später erörtern. Nicht weil ich gerne kritisiere, aber die genaue Untersuchung der Lehre von Paulus ist meiner Ansicht nach zum Verständnis der europäischen und abendländischen Geschichte und Gegenwart sehr wichtig. Zudem ist dies auch ein Schlüssel für das Verständnis um die „Einheit der Schrift".

Was die Abneigung von Paulus gegenüber der Tora betrifft, so zieht sich diese wie ein „roter Faden" durch seine Briefe. Leider hat sich diese Abneigung sehr stark bei Christen eingeprägt. Das „Gesetz" wird als Last und Bürde empfunden und nicht als ein Segen und eine echte Hilfe.

Der Glaube ist der erste und wesentliche Schritt. Dann aber versuchen die Tora, das Evangelium und der Koran gleichermaßen die Wichtigkeit zu veranschaulichen, diesen Glauben auch entsprechend umzusetzen.

Paulus hebt die Gerechtigkeit durch den Glauben hervor, mit Abraham, dessen Glaube als Gerechtigkeit von GOTT angerechnet wird: „Abram [Abraham] glaubte dem HERRN und der HERR rechnete es ihm als Gerechtigkeit an." (Gen 15,6; vgl. Röm 4,3)

Darauf folgt aber in der Tora die ebenso wichtige Gerechtigkeit durch den Gehorsam (Taten, Werke), welche Paulus nicht beachtet.

Paulus sagt sogar: „Wenn Abraham aufgrund von Werken Gerechtigkeit erlangt hat, dann hat er zwar Ruhm, aber nicht vor GOTT." (Röm 4,2)

GOTT aber spricht in *der Tora* zu Abraham durch SEINEN Engel: „Der Engel des HERRN rief Abraham zum zweiten Mal vom Himmel her zu und sprach: ICH habe bei MIR geschworen – Spruch des HERRN: Weil du das *getan* hast und deinen einzigen Sohn MIR nicht vorenthalten hast, will ICH dir Segen schenken in Fülle und deine Nachkommen zahlreich machen wie die Sterne am Himmel und den Sand am Meeresstrand. Deine Nachkommen sollen das Tor ihrer Feinde einnehmen. Segnen sollen sich mit deinen Nachkommen alle Völker der Erde, *weil du auf* MEINE *Stimme gehört hast.*" (Gen 22,15–18)

Auch *der Koran* betont die Wichtigkeit von Hören *und* Gehorchen, also dem Glauben (Hören), und die dem Glauben entsprechenden Werke (Gehorchen).
In einem der wichtigsten Verse des Korans, dem islamischen „Glaubensbekenntnis", heißt es:
„Alle glauben an GOTT und SEINE Engel und SEINE Schriften und SEINE Gesandten, und machen keinen Unterschied zwischen SEINEN Gesandten. Und sie sprechen: *‚Wir hören und gehorchen.*'" (II 285)

Jesus Christus legt im *Evangelium* besonderen Wert darauf, GOTTES Wort nicht nur zu hören, *sondern auch zu befolgen:* „Wer meine Worte nur hört *und sie nicht befolgt,* den richte nicht ich; denn ich bin nicht gekommen, um die Welt zu richten, sondern um sie zu retten. Wer mich verachtet und meine Worte nicht annimmt, der hat schon seinen Richter: Das Wort, das ich gesprochen habe, wird ihn richten am Letzten Tag." (Joh 12,47–48)

In der „Bergpredigt" findet sich eine vergleichbare Aussage: „Wer diese meine Worte hört *und danach handelt,* ist wie ein kluger Mann, der sein Haus auf Fels baute. Als nun ein Wolkenbruch kam und die Wassermassen heranfluteten, als die Stürme tobten und an dem Haus rüttelten, da stürzte es nicht ein; denn es war auf Fels gebaut.
Wer aber meine Worte hört *und nicht danach handelt,* ist wie ein unvernünftiger Mann, der sein Haus auf Sand baute. Als nun ein Wolkenbruch kam und die Wassermassen heranfluteten, als die Stürme tobten und an dem Haus rüttelten, da stürzte es ein und wurde völlig zerstört."
(Mt 7,24–27; vgl. Lk 6,47–49)

Im Lukas-Evangelium betont Jesus Christus ebenfalls die Wichtigkeit, das Wort zu hören *und* zu befolgen:

„Als er das sagte, rief eine Frau aus der Menge ihm zu: Selig die Frau, deren Leib dich getragen und deren Brust dich genährt hat. Er aber erwiderte: Selig sind vielmehr die, die das Wort GOTTES hören *und es befolgen.*"
(Lk 11,27–28)

Wenn die Tora zunächst die Gerechtigkeit durch den Glauben (vgl. Gen 15,6) und bald im Anschluss die Gerechtigkeit durch den Gehorsam (Taten, Werke) hervorhebt (vgl. Gen 22,15–18), so ist dies ein wichtiges Prinzip, welches alle Heiligen Schriften verdeutlichen wollen.

Anmerkung: Die Lehre von der „Gerechtigkeit *allein* durch den Glauben" widerspricht diesem Prinzip. Martin Luther hat diese Lehre nach meinem Dafürhalten nicht selbst entwickelt. Vielmehr hat er die Lehre von Paulus, welcher ihn sehr geprägt und beeinflusst hat, nur konsequent herausgearbeitet.

Der Konflikt, den die katholische Kirche mit dieser Lehre von Martin Luther lange Zeit hatte, resultiert meines Erachtens unter anderem aus dem Konflikt zwischen dem Evangelium und den Briefen des Paulus.

Mit Blick auf den Urheber dieser Lehre werden die Zusammenhänge deutlich. Paulus hätte einfach sagen können, er habe bei der Steinigung des Apostels Stephanus und der Verfolgung der Urkirche einen großen Fehler begangen. Er tut dies auch, kommt dann aber doch zu dem Ergebnis, er wäre dabei „untadelig in der Gerechtigkeit, wie sie das Gesetz vorschreibt." (Phil 3,6)

Paulus versucht also, eine schlechte Tat doch noch ins rechte Licht zu rücken. Er gibt die Schuld für seine Vergehen dem Gesetz, und nicht seiner eigenen kompromisslosen Auslegung desselben, und hebt das Gesetz mit der ebenso kompromisslosen Begründung auf: „[...] damit wir gerecht werden durch den Glauben an Christus und nicht durch die Werke des Gesetzes; denn durch Werke des Gesetzes wird niemand gerecht." (Gal 2,16)

Jetzt versuche ich zu zeigen, dass diese Lehre nicht nur der Lehre von Jesus Christus widerspricht, und der Heiligen Schrift, sondern auch gegen die Vorstellungen der Urkirche Israels war.

„Das Gesetz" in der Apostelgeschichte

Bei der „Streitfrage" in der Apostelgeschichte wird deutlich, dass die Urkirche in Israel der Befolgung des Gesetzes durchaus eine große Bedeutung beigemessen hat:
„Da erhoben sich einige aus dem Kreis der Pharisäer, die gläubig geworden waren, und sagten: Man muss sie beschneiden und von ihnen fordern, am Gesetz des Mose fest zu halten. *Die Apostel und die Ältesten traten zusammen, um die Frage zu prüfen.* [...]
Als sie geendet hatten, nahm Jakobus das Wort und sagte: [...] Darum halte ich es für richtig, *den Heiden, die sich zu* GOTT *bekehren, keine Lasten aufzubürden*; man weise sie nur an, Verunreinigung durch Götzen(opferfleisch) und Unzucht zu meiden und weder Ersticktes noch Blut zu essen. *Denn Mose hat seit ältesten Zeiten in jeder Stadt seine Verkündiger, da er in den Synagogen an jedem Sabbat verlesen wird.*" (Apg 15,5–21)

Die Worte von Jakobus wurden angenommen, was sich im Anschluss ergibt: „*Da beschlossen die Apostel und die Ältesten zusammen mit der ganzen Gemeinde* [...] Denn der HEILIGE GEIST und wir haben beschlossen, euch keine weitere Last aufzuerlegen als diese notwendigen Dinge: Götzenopferfleisch, Blut, Ersticktes und Unzucht zu meiden. Wenn ihr euch davor hütet, handelt ihr richtig. Lebt wohl!" (Apg 15,22–29)

Was hat das zu bedeuten?
Wäre das Gesetz aufgehoben, so wie Paulus behauptet: „Er [Jesus] hob das Gesetz samt seinen Geboten und Forderungen auf [...]." (Eph 2,15), dann hätte ein solcher Beschluss nicht getroffen werden müssen. Die Anweisung „Götzenopferfleisch, Blut, Ersticktes und Unzucht zu meiden", vor allem aber der Verweis auf den möglichen und demzufolge auch ratsamen Besuch der Syn-

agoge, um das Gesetz zu erlernen: „Mose hat seit ältesten Zeiten in jeder Stadt seine Verkündiger, da er in den Synagogen an jedem Sabbat verlesen wird", wäre dann nicht notwendig gewesen.

Es wird jedoch betont, dass die Reduzierung des Gesetzes auf die wichtigen Punkte „Götzenopferfleisch, Blut, Ersticktes und Unzucht zu meiden", lediglich deshalb erfolgt, um den Heiden „keine weitere Last" aufzuerlegen.

Das ist nachvollziehbar, denn wären die Jünger auf Menschen getroffen, die von dem Einen GOTT noch nie etwas gehört haben, und hätten ihnen gleich die Fülle des Gesetzes vermitteln sollen, wäre das wirklich eine Last gewesen. Doch „aufgeschoben" bedeutet meiner Überzeugung nach nicht „aufgehoben". Sinn dieser Beschlüsse erscheint mir vielmehr, keine zwanghafte und überstürzte, sondern eine allmähliche und freiwillige Einführung in biblische Lebensweise, Gesetze und Regeln zu ermöglichen.

In der Apostelgeschichte – nach der Rückkehr von Paulus von seiner dritten Missionsreise – wird noch deutlicher, dass von einer Aufhebung von Gesetz und Geboten in der Urkirche Israels keine Rede war:
„Am folgenden Tag ging Paulus mit uns zu Jakobus; auch alle Ältesten fanden sich ein. Er begrüßte sie und berichtete im einzelnen alles, was GOTT durch seinen Dienst unter den Heiden getan hatte. Als sie das hörten, priesen sie GOTT und sagten zu ihm: Du siehst, Bruder, wie viele Tausende unter den Juden gläubig geworden sind, und sie alle sind Eiferer für das Gesetz. *Nun hat man ihnen von dir erzählt: Du lehrst alle unter den Heiden lebenden Juden, von Mose abzufallen*, und forderst sie auf, ihre Kinder nicht zu beschneiden und sich nicht an die Bräuche zu halten. Was nun? Sicher werden sie hören, dass du

gekommen bist. Tu also, was wir dir sagen: Bei uns sind vier Männer, die ein Gelübde auf sich genommen haben. Nimm sie mit und weihe dich zusammen mit ihnen; trag die Kosten für sie, damit sie sich das Haar abscheren lassen können. *So wird jeder einsehen, dass an dem, was man von dir erzählt hat, nichts ist, sondern dass auch du das Gesetz genau beachtest.* Über die gläubig gewordenen Heiden aber haben wir ja einen Beschluss gefasst und ihnen geschrieben, sie sollten sich vor Götzenopferfleisch, Blut, Ersticktem und Unzucht hüten. *Da nahm Paulus die Männer mit und weihte sich am nächsten Tag zusammen mit ihnen, ging dann in den Tempel und meldete das Ende der Weihetage an, damit für jeden von ihnen das Opfer dargebracht werde.*" (Apg 21,18–26)

Zum einen wird an dieser Stelle deutlich, dass die Lehre über die Aufhebung des Gesetzes von Paulus stammt: „Nun hat man ihnen von dir erzählt: Du lehrst alle unter den Heiden lebenden Juden, von Mose abzufallen", und nicht wie Paulus behauptet von Jesus Christus (vgl. Eph 2,15).

Zum anderen wird deutlich, dass auch Jakobus und die Urkirche in Israel das Gesetz beachtet haben. Jakobus und die Apostel empfehlen dem Paulus, eine in der Tora beschriebene heilige Weihe (vgl. Num 6,1 ff.) abzulegen: „So wird jeder einsehen, dass an dem, was man von dir erzählt hat, nichts ist, sondern dass auch du das Gesetz genau beachtest."

Die Apostel hätten Paulus nie empfohlen, den Glaubensbrüdern das Festhalten am Gesetz vorzuspielen. Dies allein wäre schon ein großer Verstoß gegen das Gebot: „Du sollst nicht lügen".

Wenn das Gesetz durch Jesus aufgehoben worden wäre, dann hätten sich die Apostel und die Jünger dazu frei bekannt. Diese fürchteten sich nicht vor Verfolgung und Not durch die Römer oder ihre Landsleute. Warum hätten sie sich vor den eigenen Glaubensbrüdern fürchten und deretwegen lügen sollen?

Derjenige, welcher das Gesetz aufhebt und den Juden etwas vorspielte, war meines Erachtens einzig und allein Paulus. Er bekennt dies auch in seinem ersten Brief an die Korinther: „Den Juden bin ich ein Jude geworden, um Juden zu gewinnen; *denen, die unter dem Gesetz stehen, bin ich, obgleich ich nicht unter dem Gesetz stehe, einer unter dem Gesetz geworden,* um die zu gewinnen, die unter dem Gesetz stehen." (1 Kor 9,20)

Paulus macht hiermit deutlich, dass er den Juden, aber wie man an der Apostelgeschichte nachvollziehen kann, auch der Urkirche in Israel, etwas vorgespielt hat. Ich halte dies für sehr fragwürdig, denn wenn das Gesetz aufgehoben wäre, so wie Paulus dies behauptet, dann hätte er diese Lehre offen vertreten müssen, auch und im Besonderen in Israel.

Paulus argumentiert so, als „heilige der Zweck die Mittel": „denen, die unter dem Gesetz stehen, bin ich, obgleich ich nicht unter dem Gesetz stehe, einer unter dem Gesetz geworden, *um die zu gewinnen, die unter dem Gesetz stehen."*
Wenn der „Zweck die Mittel heiligen" soll, so ist dies ein grundsätzlich fragwürdiger Ansatz. Letztlich gesteht Paulus damit aber, dass er seine Ansicht nicht offen vertreten hat. Jesus Christus lehrt hingegen:
„Euer Ja sei ein Ja, euer Nein ein Nein; alles andere stammt vom Bösen." (Mt 5,37)
Auch die von einigen Christen in diesem Zusammenhang angeführte langfristige Trennung zwischen Heidenchristen und Judenchristen in Bezug auf das Gesetz, macht

nach meiner Auffassung keinen Sinn. Wenn das Gesetz für Jesus Christus und die Urkirche in Israel gut war, und sie dieses befolgten, dann sollten die Heidenchristen diesem Beispiel auch langfristig folgen.

Die am Anfang dieses Kapitels zitierten Worte des Evangeliums (vgl. Mt 5,17–20) sollten an dem großen Wert und der Wichtigkeit der Beachtung des Gesetzes keinen Zweifel lassen.

Für das Volk Israel hatte die Lehre des Paulus von der Aufhebung des Gesetzes meines Erachtens leider schwerwiegende Folgen. Denn wären die Gebote der Tora und die Weisungen der Propheten in ihrer Gesamtheit ernst genommen worden, so wie Jesus Christus dies als Gebot deutlich macht, hätte es nie zu den vielen Vergehen von Christen gegenüber den Juden kommen können.

Zum einen bezeugen die Tora und die Propheten Israels die Liebe GOTTES zu dem Volk Israel. Würde man die Bibel als „Roman" betrachten, so sind die „Hauptdarsteller", die „Helden", mit denen die Leserinnen und Leser leiden und sich freuen, die Israeliten. Zum anderen befindet sich in der Tora, das Volk Israel betreffend, auch das deutliche Gebot: „Wer dich segnet, ist gesegnet, wer dich verflucht, ist verflucht." (Num 24,9) Durch den Propheten Sacharja spricht GOTT über das Volk Israel: „Wer euch antastet, tastet MEINEN Augapfel an." (Sach 2,12)
Demzufolge hätte es vonseiten der Christen nie zu all den Pogromen und Ähnlichem gegenüber Juden kommen können, wäre Jesus Christus befolgt worden, wenn er sagt: „Wer auch nur eines von den kleinsten Geboten aufhebt und die Menschen entsprechend lehrt, der wird im Himmelreich der Kleinste sein. Wer sie aber hält und halten lehrt, der wird groß sein im Himmelreich." (Mt 5,19)

Paulus aber verkündet: „[...], wir sind tot für das Gesetz und dienen in der neuen Wirklichkeit des Geistes, nicht mehr in der alten des Buchstabens." (Röm 7,6)

Zur Definition des Begriffs „Pogrom" aus der Internetenzyklopädie Wikipedia: „Der Begriff stammt aus dem Russischen und bedeutet übersetzt Verwüstung, Zerstörung, Krawall. [...] *Der Begriff wird zunächst verwendet für die Judenverfolgungen im Mittelalter durch die Christen. Diese Judenverfolgungen waren religiös motiviert*: Im Laufe der Jahrhunderte nach Jesu Kreuzigung verschärfte sich die Ansicht, dass die Juden insgesamt am Tode Jesu schuld waren und insofern ‚GOTTES-Mörder' seien. Auch für die Pest-Epidemie im 14. Jahrhundert waren die Juden die Sündenböcke. [...]."
(In: Wikipedia: Die freie Enzyklopädie. Stand: 2. August 2006, 21:28. URL: http://de.wikipedia.org/wiki/Pogrome, abgerufen am 3. August 2006)

Ich möchte jetzt hinterfragen, ob die lange Geschichte der Verfolgung der Juden durch die Kirche nicht wie eine Umkehr der Verfolgung der Urkirche in Israel durch Paulus ist?
Ich möchte aufzeigen, warum sich gerade von der Kirche heute so viele Menschen abwenden, obwohl das Evangelium einen gleichwertigen Teil der Schrift bedeutet. Denn das Evangelium wird meiner Überzeugung nach von einem Wort aufgehoben, welches nie das Wort GOTTES sein kann. Darüber hinaus geht es mir darum, den Leserinnen und Lesern zu zeigen, warum insbesondere Juden und, wie ich im Anschluss noch anführe, auch Frauen und Menschen mit homosexuellen Neigungen teilweise so empfindlich auf das Christentum bzw. den Glauben reagieren. Auch in Ländern mit islamischer Staatsreligion müssen Juden, Frauen und Menschen mit homosexuellen Neigungen leiden oder aufgrund der „Emanzipation"

des Abendlandes noch mehr. Daran zeigt sich, warum es nicht darum geht, Paulus zu verurteilen, sondern aus seinen, nicht nur bei Schriftgelehrten, meines Erachtens allzu verbreiteten Fehlern zu lernen.

Über Paulus, damals Saulus, steht in der Apostelgeschichte geschrieben:
„Saulus aber war mit dem Mord [an dem Apostel Stephanus] einverstanden. An jenem Tag brach eine schwere Verfolgung über die Kirche in Jerusalem herein. Alle wurden in die Gegenden von Judäa und Samarien zerstreut, mit Ausnahme der Apostel. Fromme Männer bestatteten Stephanus und hielten eine große Totenklage für ihn. *Saulus aber versuchte die Kirche zu vernichten; er drang in die Häuser ein, schleppte Männer und Frauen fort und lieferte sie ins Gefängnis ein.*" (Apg 8,1–3)

Was Paulus als Saulus damals machte, war der Lehre der Heiligen Schrift völlig entgegengesetzt. Doch kann sich ein Mensch von heute auf morgen um 180° Grad verändern, wie es die Redewendung „vom Saulus zum Paulus" ausdrücken möchte?

Um den Leserinnen und Lesern ein besseres Gefühl für die Auswirkung der Lehre von Paulus zu vermitteln, muss ich ein wenig die europäische Geschichte untersuchen. Auch in diesem Fall geht es mir nicht darum, andere Menschen zu verurteilen. Vielmehr möchte ich einen heute durch die abendländische Geschichte meiner Ansicht nach besser erkennbaren Fehler und dessen Ursache in der Lehre der Kirche verständlich machen.
Beginnen möchte ich dabei mit jemandem, der selbst die Kirche reformierte: Martin Luther. Aus der „Einheit der Schrift" heraus erscheinen viele seiner Reformen sinnvoll. Vor allem die Übersetzung der Bibel in die Landessprache war ein sehr wichtiger Beitrag Martin Luthers.

Doch ausgerechnet Martin Luther, der von Paulus so stark geprägt war, verfasste 1542 eine umfangreiche Schrift mit dem Titel „Von den Juden und ihren Lügen".

Um daraus zunächst einige Stellen zu zitieren:

„298 Was wollen wir Christen nun tun, mit diesem verworfenen, verdammten Volk der Juden? [...] Ich will meinen treuen Rat geben.

299 Erstlich, dass man ihre Synagoge oder Schule mit Feuer anstecke, und was nicht verbrennen will, mit Erde überhäufe und beschütte, dass kein Mensch einen Stein oder Schlacke davon sehe ewiglich. [...] 301 Zum anderen, dass man auch ihre Häuser desgleichen zerbreche und zerstöre [...] 302 Zum dritten, dass man ihnen nehme alle ihre Büchlein... 303 Zum vierten, dass man ihren Rabbiner bei Leib und Leben verbiete, hinfort zu lehren. [...] Denn, wie gehört, GOTTES Zorn ist groß über sie [...] drum immer weg mit ihnen. 312"

(aus „D. Mart. Luthers Schrift von den Juden und ihren Lügen", 1542/1543; im Original zur Einsicht im Internet: URL http://www.sgipt.org/sonstig/metaph/luther/lvdjuil.htm abgerufen am 4. August 2006)

Ich frage mich zunächst, was Martin Luther, sicherlich stellvertretend für die meisten „Christen" Europas jener Zeit, zu so einer unbarmherzigen Haltung gegenüber den Juden bringen konnte?

Die Lehre von Jesus Christus, der Jude war, und nicht nur die Nächstenliebe, sondern sogar die Feindesliebe predigte, hätte solche Gedanken Martin Luthers eigentlich grundsätzlich ausschließen sollen.

Bei Martin Luther lässt sich auch schwer sagen, er habe das Evangelium nicht gekannt. Auch die schlimmen Judenverfolgungen des Mittelalters, welche viele, wenn nicht die meisten, der in den katholischen Ländern lebenden Juden Europas mit dem Leben bezahlen mussten, konnten Martin Luther kaum entgangen sein.

Wo also liegt die Ursache in der Lehre der Kirche, dass Martin Luther und die Christen Europas entgegen jeglicher Weisung des Evangeliums und der gesamten Heiligen Schrift, sich derart an den Juden vergreifen konnten, sei es durch Wort oder Tat?

Wie kann es sein, dass in der Geschichte der Kirche die Lehre des Evangeliums so grundlegend in das Gegenteil verkehrt wurde?

Wie ich meine wird an dieser Geschichte deutlich, dass es sich bei den gegen die Juden gerichteten Worten und Handlungen im Christentum um eine fortwährende und kollektive Schuld handelt. Der Fehler kann also kaum lokalen oder regionalen Ursprungs sein, sondern muss zentral in einem Bereich liegen, den alle Christen in ihre Lehre integriert haben.

Die „theologische" Grundlage für die antijüdische Theologie war die sogenannte „Enterbungstheologie" oder „Ersatztheologie": Man sah die Juden zugunsten der Christen verworfen, die Segensverheißungen wurden auf die Christen bezogen, die Flüche auf die Juden, zugleich als Legitimation für deren Verfolgung und Unterdrückung. Es sind meiner Überzeugung nach aber nicht heute fast völlig unbekannte Kirchenlehrer wie zum Beispiel Tertullian, Eusebius oder Origines, die von der Seite christlicher Schriftgelehrter gerne als diejenigen benannt werden, welche die Grundlage für die „Enterbungstheologie" geschaffen haben, sondern vielmehr Paulus.

Paulus schreibt: „Nicht die Kinder des Fleisches sind Kinder GOTTES, sondern die Kinder der Verheißung werden als Nachkommen anerkannt." (Röm 9,8)

Am Ende dieses Kapitels des Römerbriefes wird deutlich, wer die „Kinder der Verheißung" sind: „Was heißt das nun? *Heiden*, die die Gerechtigkeit nicht erstrebten, *haben Gerechtigkeit empfangen*, die Gerechtigkeit aus

Glauben. *Israel aber*, das nach dem Gesetz der Gerechtigkeit strebte, *hat das Gesetz verfehlt.* Warum? Weil es ihm nicht um die Gerechtigkeit aus Glauben, sondern um die Gerechtigkeit aus Werken ging. Sie stießen sich am ‚Stein des Anstoßes' [Jesus], wie es in der Schrift heißt: Siehe, ich richte in Zion einen Stein auf, an dem man anstößt, einen Fels, an dem man zu Fall kommt. Wer an ihn glaubt, wird nicht zugrunde gehen." (Röm 9,30–33)

Gemäß Paulus ist also nicht das Fleisch entscheidend, das angeborene Judentum, sondern die Anerkennung von Jesus Christus.

Paulus enterbt damit aber nicht nur die Juden, indem er sagt: „Nicht die Kinder des Fleisches sind Kinder GOTTES", sondern er überträgt auch gleich die Segenssprüche. indem er Christen als „Kinder der Verheißung" bezeichnet, welche als „Nachkommen anerkannt" werden.

Wenn Paulus im Anschluss darauf hinweist, am Ende des Römerbriefes, dass das Judentum die Wurzel des Christentums ist, und die Juden das endzeitliche Heil erfahren werden, so ist dies ein wichtiger Hinweis. Doch nützte den Juden nach meinem Dafürhalten dieser Hinweis, wie auch in der christlich-jüdischen Geschichte Europas zu verfolgen ist, sehr wenig. Darüber hinaus hat Paulus das Wesentliche an jener Wurzel des Christentums, dem Judentum, aufgehoben: das Gesetz, also die Tora und das Wort der Propheten Israels, als Grundlage des Evangeliums. Das ist meiner Ansicht nach ungefähr vergleichbar, als würde man heute versuchen, ein neues verbessertes Computerprogramm zu verkaufen, ohne das ältere und normalerweise integrierte Programm, welches unabdingbare Grundlage zum Funktionieren des neuen Programms ist, mit eingeschlossen zu haben. Und genau solches versucht die christliche „Judenmission" seit nun fast zweitausend Jahren, zu Zeit der Inquisition mit heute unvorstellbaren Methoden.

Paulus sagt weiter: „Der *leiblich Unbeschnittene, der das Gesetz erfüllt, wird dich [Jude] richten,* weil du trotz Buchstabe und Beschneidung ein Übertreter des Gesetzes bist. Jude ist nicht, wer es nach außen hin ist, und Beschneidung ist nicht, was sichtbar am Fleisch geschieht, sondern Jude ist, wer es im Verborgenen ist, und Beschneidung ist, was am Herzen durch den Geist, nicht durch den Buchstaben geschieht. *Der Ruhm eines solchen Juden* kommt nicht von Menschen, sondern von GOTT." (Röm 2,27–29)

Auch an dieser Stelle werden die Juden durch Paulus „enterbt". Denn wenn Paulus von dem „*Ruhm eines solchen Juden*" spricht, so ist dies der „*leiblich Unbeschnittene*". Paulus überträgt damit das Judentum auf die Heidenchristen. Das ist aber nicht möglich, und war, wie bereits besprochen, die Grundlage „christlicher" Judenverfolgung.

Der Koran sagt: „Siehe, GOTT erwählte Adam und Noah und das Haus Abraham und *das Haus Imran* vor allen Menschen. *Einer des anderen Nachkommen* und GOTT ist hörend und wissend." (III 33–34)

Die „Frau von Imran", wie der Koran gleich im Anschluss erklärt, ist die Mutter von Maria, der Mutter von Jesus Christus (vgl. III 35–37; 42; 45).

„Adam" und „Noah" stehen für die ganze Menschheit.

Das „Haus Abraham" steht für die Nachkommen seiner Söhne, den Kindern Ismaels und Isaaks.

Das „Haus Imran" steht für Maria und Jesus, den Nachkommen der Kinder Israels, Sohn Isaaks.

„Einer des anderen Nachkommen" (III 34), ich bitte auch Muslime darüber nachzudenken. Diese „enterben" die Juden heute genauso, wenn sie sagen, dass nach dem Stammvater der Juden benannte Land Israel wäre nicht die, neben den Palästinensern, auch den Juden zustehende Heimat.

Dass die Juden, die aus Europa und aller Welt nach Israel zurückkamen und 1948 den Staat Israel gründeten, auch wirklich die Kinder Israels sind, denen dies zusteht, wird nach meiner Überzeugung auch an folgender Prophezeiung deutlich:

„Darum seht, es werden Tage kommen – Spruch des HERRN –, da sagt man nicht mehr: So wahr der HERR lebt, der die Söhne Israels aus Ägypten heraufgeführt hat!, sondern: So wahr der HERR lebt, der das Geschlecht des Hauses Israel aus dem Nordland und aus allen Ländern, in die er sie verstoßen hatte, heraufgeführt und zurückgebracht hat. Dann werden sie wieder in ihrem Heimatland wohnen." (Jer 23,7–8)

Diese ungefähr 2600 Jahre alte Prophezeiung Jeremias beschreibt genau das, was nach dem Zweiten Weltkrieg passiert ist. Die Rückführung der Kinder Israels aus dem „Nordland", Europa, und aus allen Ländern der Welt nach Israel.

Was mir bei dem zuletzt von Paulus aufgeführtem Zitat zudem auffällt (vgl. Röm 2,27–29), ist die Ankündigung von Paulus, die leiblich Unbeschnittenen „werden" die Juden „richten". Paulus legte den Heidenchristen damit etwas in den Mund, was diese dann auch umsetzten. Doch eigentlich ist es bereits Paulus, welcher die Juden „richtet". Er sagt ganz allgemein, ohne sich dabei auf eine Person und ein bewiesenes Vergehen im Besonderen zu beziehen: „weil du [Jude] trotz Buchstabe und Beschneidung ein Übertreter des Gesetzes bist." (Röm 2,27)

Jesus Christus lehrt:
„Richtet nicht, dann werdet auch ihr nicht gerichtet werden. Verurteilt nicht, dann werdet auch ihr nicht verurteilt werden. Erlasst einander die Schuld, dann wird auch euch die Schuld erlassen werden." (Lk 6,37)

Dies ist eine der wichtigsten Lehren des Evangeliums, welche jeden religiösen und sonstigen Fanatismus unmöglich machen sollte. Darüber hinaus sagt Jesus:

„Wer meine Worte nur hört und sie nicht befolgt, den richte nicht ich; denn *ich bin nicht gekommen, um die Welt zu richten*, sondern um sie zu retten. Wer mich verachtet und meine Worte nicht annimmt, der hat schon seinen Richter: *Das Wort*, das ich gesprochen habe, *wird ihn richten am Letzten Tag*. Denn was ich gesagt habe, habe ich nicht aus mir selbst, sondern der VATER, der mich gesandt hat, hat mir aufgetragen, was ich sagen und reden soll." (Joh 12,47–49)

Paulus hätte also bestenfalls sagen dürfen, dass wer auch immer das Evangelium bis zum Letzten Tag nicht als Wort GOTTES annimmt, sich selber gerichtet hat.

In der Heiligen Schrift findet sich keine Aufforderung, dass die einen Menschen über andere Menschen richten sollten. Ausgenommen klar definierter und mit Zeugen nachweisbarer Vergehen. Im Gegenteil, gerade das (Vor-) Urteil über andere Menschen sollte vermieden werden.

Der Koran berichtet über Noah, der zu seinem Volk gesandt wurde, und deren Reaktion:

„Sie sagten: ‚Sollen wir dir etwa glauben, wo dir nur das Gesindel folgt?' Er sprach: ‚Ich habe keine Kenntnis von ihrem früheren Verhalten. Seht, *das Urteil über sie steht allein meinem HERRN zu, wenn ihr es nur begreifen wolltet!*'" (XXVI 111–113)

Noah hatte demzufolge, wie auch Moses, Jesus Christus und Prophet Muhammad, vor allem ein Problem mit der Obrigkeit, welche die anderen Menschen geringschätzig behandelt („Gesindel"). Darauf folgt der Hinweis, dass das Urteil über andere Menschen alleine GOTT zusteht.

Paulus widerspricht meiner Ansicht nach diesem so wichtigen Gebot, über andere Menschen nicht zu urteilen, wenn er über Juden sagt:

„*Du nennst dich zwar Jude* und verlässt dich auf das Gesetz, du rühmst dich deines GOTTES, du kennst SEINEN Willen und du willst, aus dem Gesetz belehrt, beurteilen, worauf es ankommt; du traust dir zu, Führer zu sein für Blinde, Licht für die in der Finsternis, Erzieher der Unverständigen, Lehrer der Unmündigen, einer, für den im Gesetz Erkenntnis und Wahrheit feste Gestalt besitzen. Du belehrst andere Menschen, dich selbst aber belehrst du nicht. *Du predigst: Du sollst nicht stehlen!, und stiehlst. Du sagst: Du sollst die Ehe nicht brechen!, und brichst die Ehe. Du verabscheust die Götzenbilder, begehst aber Tempelraub. Du rühmst dich des Gesetzes, entehrst aber* GOTT *durch Übertreten des Gesetzes. Denn in der Schrift steht: Euretwegen wird unter den Heiden der Name* GOTTES *gelästert.*" (Röm 2,17–24)

Paulus sagt sogar: „Ihr habt von euren Mitbürgern das Gleiche erlitten wie jene von *den Juden. Diese haben sogar Jesus,* den Herrn, und die Propheten *getötet*; auch uns haben sie verfolgt. *Sie missfallen* GOTT *und sind Feinde aller Menschen.*" (1 Thess 2,14–15)
Woher will Paulus wissen, wer GOTT missfällt?
Wieso will Paulus anderen Menschen einreden, wer deren Feinde sein sollen?

Wenn Jesus Christus im Evangelium die Feindesliebe als Gebot einführt (vgl. Mt 5,43–48), so bedeutet dies doch, dass es das Wort „Feind" im Denken der Menschen gar nicht geben sollte.

Paulus widerspricht diesem Gebot grundlegend, wenn er sagt, Juden wären „Feinde aller Menschen".
Mit diesen Worten bereitete Paulus meiner Überzeugung nach, neben der Aufhebung von Gesetz und Geboten und der „Enterbung" der Juden, die Grundlage für die darauffolgende antijüdische Theologie der Christenheit.

Auch der von christlicher Seite in den darauffolgenden Jahrhunderten gegen die Juden immer wieder angeführte Vorwurf der „Gottes-Mörder" wurzelt in dieser zuletzt zitierten Aussage von Paulus.

Paulus schien dabei zu übersehen, dass es die Römer waren, welche dem Evangelium zufolge Jesus Christus letztlich kreuzigten.

Das richtige Verständnis um die Wiedererweckung Jesu zum Leben und seine anschließende Himmelfahrt (vgl. Lk 24,46–51; IV 157–158) nimmt also, bezüglich des Messias, nicht nur die Blutschuld von Israel, sondern genauso von Rom.

Welchen tiefgreifenden Einfluss die Worte des Paulus auf die christlich-jüdische Geschichte nahmen, wird an folgenden Aussagen deutlich:

Der römische Kaiser Konstantin ließ zu Beginn des vierten Jahrhunderts festhalten: „Konstantin August an die Gemeinden. Als beim Konzil von Nicäa die Frage des heiligen Festes Ostern aufkam, wurde einstimmig beschlossen, dass dieses Fest von allen und überall am gleichen Tag gefeiert werden sollte. Denn es erschien jedem eine äußerst unwürdige Tatsache, dass wir in diesem äußerst heiligen Fest den Gewohnheiten der Juden folgen sollten, welche – verdorbene Schufte! – ihre Hände befleckt haben mit einem ruchlosen Verbrechen. Es ist nur gerecht, dass sie in ihrem Sinn erblindet sind. Es ist daher passend, wenn wir die Praktiken dieses Volkes zurückweisen und in aller Zukunft das Begehen dieses Festes auf eine legitimere Art feiern. Lasst uns also nichts gemeinsam haben mit diesem äußerst feindlichen Pöbel der Juden."

(zitiert nach Harald Eckert, *Rede über 1000 Jahre Antisemitismus* am 26.08.2000, im Internet URL http://www.jerusalem-schalom.de/1000jahre.htm, abgerufen am 03.08.2006)

Johannes von Antiochien, oder Johannes Chrysostomus (gr. für „Goldmund"), war Erzbischof von Konstantinopel (398–404) und wird von den östlich-orthodoxen Kirchen seit dem 10. Jahrhundert als einer der „drei heiligen Hierarchen" verehrt. Um 380 nach Christus schrieb er: „Die Juden sind allesamt lüstern, Vergewaltiger, geizig, perfide Banditen, Mörder, Randalierer, vom Teufel besessen, schlimmer als die wildesten Tiere, Kindsmörder, schmutzig, [...]. Ihre Synagogen sind Hurenhäuser, Räuberhöhlen, Wohnorte des Teufels. Das gleiche gilt auch für ihre Seelen. [...] Wegen ihres Mordes an Christus sind sie durch den Zorn GOTTES für immer verstoßen und bestraft, ohne Land und ohne Tempel, für immer dem Joch der Knechtschaft unterworfen. [...] GOTT hasst die Juden und wird sie immer hassen. [...] Es ist die Pflicht der Christen, die Juden zu hassen. Je mehr wir Christus lieben, desto mehr müssen wir die Juden bekämpfen, die ihn hassen." (zitiert nach Harald Eckert, s.o.)

Natürlich sind die Worte über die Juden von Chrysostomus, wie auch vieler anderer „heiliger" Kirchenlehrer der katholischen und orthodoxen Kirche, wie auch die Worte Martin Luthers, gegenüber den Worten von Paulus ein weiterer, wesentlich aggressiverer Schritt. Doch der Unterschied ist meiner Überzeugung nach dabei nur „quantitativ", nicht aber „qualitativ".
Vielmehr schafft Paulus, da seine Worte als Wort GOTTES gelehrt werden – nur deshalb ist meine Kritik an Paulus so ausführlich –, die Grundlage und auch die Legitimation für die darauffolgende antijüdische Theologie.

Im Grunde machte Paulus, kaum dass er „die Seiten gewechselt" hatte, das Gleiche wie zuvor mit den Christen. Er richtete und verfolgte einen „Gegner", den es nach der Lehre Jesu Christi gar nicht geben darf. Diesmal nicht in Taten, dazu hatte Paulus als Mitglied der christlichen Minderheit in Israel zu wenig Macht, sondern um so mehr im Wort, durch seine Briefe an die Gemeinden außerhalb Israels.

Mit dem Wechsel der Machtverhältnisse, seit Kaiser Konstantin im vierten Jahrhundert, und der Aufnahme der Briefe des Paulus in den Kanon der christlichen Bibel, schlugen seine Worte dann in noch heftigeren Worten und letztlich in Taten auf die Juden zurück.

Damit die Leserinnen und Leser meine Kritik an Paulus noch etwas besser nachvollziehen können, und weil mir eine diesbezügliche bewusste Aufarbeitung sehr wichtig erscheint, möchte ich einige weitere Aussagen von ihm untersuchen.

Über Frauen sagt Paulus:
„Eine Frau soll sich still und in aller Unterordnung belehren lassen. Dass eine Frau lehrt, erlaube ich nicht, auch nicht, dass sie über ihren Mann herrscht; sie soll sich still verhalten. Denn zuerst wurde Adam erschaffen, danach Eva. *Und nicht Adam wurde verführt, sondern die Frau ließ sich verführen und übertrat das Gebot.* Sie wird aber dadurch gerettet werden, dass sie Kinder zur Welt bringt, wenn sie in Glaube, Liebe und Heiligkeit ein besonnenes Leben führt." (1 Tim 2,11–15)

In der Tora steht aber:
„Da sah die Frau, dass es köstlich wäre, von dem Baum zu essen, dass der Baum eine Augenweide war und dazu verlockte, klug zu werden. Sie nahm von seinen Früchten und aß; sie gab auch ihrem Mann, *der bei ihr war, und auch er aß.*" (Gen 3,6)
Adam war also mit anwesend, als Eva von dem Baum aß, er aß sogar mit ihr. Wie also kommt Paulus dazu, den „Sündenfall" alleine Eva zuzuschreiben?

Darüber hinaus behauptet Paulus: „Der Mann darf sein Haupt nicht verhüllen, weil er Abbild und Abglanz GOTTES ist; *die Frau aber ist der Abglanz des Mannes.* Denn der Mann stammt nicht von der Frau, sondern die Frau vom Mann. Der Mann wurde auch nicht für die Frau geschaffen, sondern die Frau für den Mann." (1 Kor 11,7–9)

Die Tora sagt aber eindeutig:
„GOTT schuf also den Menschen als SEIN Abbild; als Abbild GOTTES schuf ER ihn. Als Mann *und* Frau schuf ER sie." (Gen 1,27).
Das Abbild GOTTES bezieht sich also auf den Menschen, auf Mann und Frau *gleichermaßen*, und nicht allein auf den Mann.

Paulus hatte anscheinend Probleme mit den Frauen in seiner Gemeinde, was an folgender Stelle noch deutlicher wird: „[...] sollen die Frauen in der Versammlung schweigen; es ist ihnen nicht gestattet zu reden. *Sie sollen sich unterordnen, wie auch das Gesetz es fordert.* Wenn sie etwas wissen wollen, dann sollen sie zu Hause ihre Männer fragen; denn es gehört sich nicht für eine Frau, vor der Gemeinde zu reden. Ist etwa das GOTTES Wort von euch ausgegangen? Ist es etwa nur zu euch gekommen?" (1 Kor 14,34–36)

„Sie sollen sich unterordnen, wie auch das Gesetz es fordert." Wie kommt Paulus darauf, die Tora fordere von der Frau sich „unterzuordnen"?
Der Bibelkommentar verweist auf Genesis 3,16. Dort sagt GOTT zur Frau nach dem „Sündenfall" aber lediglich: „Du hast Verlangen nach deinem Mann, / er aber wird über dich herrschen." (Gen 3,16)

Doch sollen diese Worte bedeuten, dass der Mann *das Recht* hat, über die Frau zu herrschen?

Da diese Worte aufgrund des „Sündenfalls" ausgesprochen wurden, bedeuten sie nach meiner Auffassung, dass der Mann *nicht* über die Frau *herrschen* sollte.

Die Kirchendenker und -lenker griffen die Lehre des Paulus bereitwillig auf. Um nur ein Beispiel zu nennen: Tertullian von Karthago, ein wichtiger Kirchenlehrer, sagte über die Frauen allgemein: „Und du wolltest nicht wissen, dass du eine Eva bist? ... Du bist es, die dem Bösen Eingang verschafft hat, du hast das Siegel jenes Baumes gebrochen, du hast zuerst das göttliche Gesetz außer acht gelassen; du bist es auch, die den betört hat, dem der Teufel nicht zu nahen vermochte. So leicht hast du den Mann, das Ebenbild GOTTES, zu Boden geworfen." (zitiert nach Georg Denzler, S.267)

Weiter schreibt Georg Denzler: „Wenn Tertullian mit seiner geringschätzigen Meinung über die Frau im 2. Jahrhundert noch eine Ausnahme darstellt, dann lässt sich dies von den Kirchenlehrern und Kirchenvätern der folgenden Jahrhunderte gewiß nicht behaupten, da sie alle von einer mehr oder weniger großen Leib- und Frauenfeindlichkeit erfüllt waren. Die theologische Basis legten allen anderen voran Johannes Chrysostomus im Osten und Augustinus im Westen. Eva allein treffe die Schuld an Adams Vertreibung aus jenem bewunderungswerten Aufenthalt im Paradies, meinte Johannes Chrysostomus. Weil sie der Schlange nicht widerstanden habe, sei sie ihrer Aufgabe als Gehilfin des Mannes untreu geworden. Augustinus bedachte diese Problematik im Zusammenhang mit der Erbsünde. Die Frau übertrage beim Geschlechtsakt die Erbsünde mit der Folge, dass jeder von ihr geborene Mensch mit diesem Urmakel behaftet in die Welt komme." (Georg Denzler, S.269 f.)

Wie auch bei der „Enterbungstheologie", suchen die meisten Theologen erst nach Paulus nach der Ursache für Entstehung der juden- oder in diesem Fall frauenfeindlichen

Theologie im Christentum. Wenn es an anderer Stelle heißt, dass Tertullian die „Schmähreden auf die Frauen" eröffnet (Georg Denzler, S.267), und Chrysostomus und Augustinus diejenigen sein sollen, welche allen anderen voran die (frauenfeindliche) „theologische Basis" legten, erscheint mir dies aber nicht nachvollziehbar.

Der Grundstein für deren Lehre wurde meiner Überzeugung nach bereits durch Paulus gelegt, dessen Worte noch heute als Wort GOTTES gelehrt werden. Eine mögliche Ursache weshalb Paulus immer wieder, auch von kritischen Theologen, in Schutz genommen wird, versuche ich später noch aufzuzeigen.

Die Schilderung bezüglich des „Sündenfalls" im Koran entspricht der Darstellung in der Tora, indem Adam und Eva sich gleichermaßen verfehlten: „Und Wir sprachen: ‚O Adam! Du und deine Frau, bewohnt den Garten und esst von ihm in Hülle und Fülle, wo immer ihr wollt; aber naht nicht jenem Baume, sonst seid ihr Übeltäter.' Aber Satan ließ *sie* [!] straucheln und vertrieb sie von wo sie weilten. Und Wir sprachen: ‚Fort mit euch! Der eine sei des anderen Feind. Doch auf Erden sollt ihr eine Wohnung und Nießbrauch auf Zeit haben.'" (II 35–36)

„So verführte er sie durch Betrug. Und als *sie* [!] von dem Baume gekostet hatten, wurde ihnen ihre Blöße bewusst. Daher fingen sie an, Blätter des Paradieses über sich zusammenzuheften. Und ihr HERR rief sie: ‚Verbot ICH euch nicht jenen Baum und sprach zu euch: Siehe, der Satan ist euch ein offenkundiger Feind?' Sie antworteten: ‚Unser HERR, *wir* [!] haben gegen uns selber gesündigt, und wenn DU uns nicht verzeihst und DICH unser erbarmst, dann sind wir wahrlich verloren.'" (VII 22–23)

Auch aus einem anderen Grund ist es wichtig, dass der Koran die Schuld so eindeutig gleichermaßen Adam und

Eva zuweist. Denn in der islamischen Welt kursiert ein weiteres „Evangelium", welches in der deutschen Ausgabe als „Wahres Evangelium Jesu" bezeichnet wird, das „Barnabas-Evangelium". Leider befinden sich darin eine Vielzahl meiner Ansicht nach falscher Aussagen, die in der islamischen Welt weit verbreitet sind. Darin wird zum Beispiel behauptet, Judas wäre anstelle von Jesus gekreuzigt worden, oder Abraham wollte Ismael und nicht Isaak opfern.

Anmerkung: Der Koran deutet zwar beim ersten Lesen an, Ismael hätte geopfert werden sollen, doch bei genauem Lesen ist eher das Gegenteil der Fall. Es gibt im Koran, im Gegensatz zur Tora, jedoch keine genaue Aussage, welcher Sohn geopfert werden sollte. Wie ich denke, prüft GOTT auf diese Weise die Herzen der Menschen, geht es in dieser Erzählung doch vor allem um die Opferbereitschaft Abrahams und nicht darum, welcher seiner Nachkommen geopfert werden sollte.

Auch in dem „Barnabas-Evangelium" ist Eva die Hauptverantwortliche für den Fall des Menschen. Dabei wird behauptet, Adam hätte geschlafen, als Eva von der Schlange verführt wurde: „Das tat die Schlange und brachte Satan hin zu Eva, denn Adam, ihr Mann, schlief gerade. [...] Da nahm Eva und aß von jenen Früchten, und als ihr Mann erwachte, erzählte sie alles, was Satan gesagt hatte, und er nahm von dem, was seine Frau ihm anbot, und aß. Und dann, als er im Begriff war, das Essen hinunterzuschlucken, erinnerte er sich der Worte GOTTES; daher wollte er das Essen anhalten und steckte sich die Hand in den Schlund, wo jeder Mann das Zeichen hat." (*Das Barnabas-Evangelium*, S. 65 f.)
Adam nahm also gemäß dem „Barnabas Evangelium" schlaftrunken einen Bissen von seiner Frau, ehe er sich an die Worte GOTTES erinnerte.

Es gibt meiner Überzeugung nach viele Schriften und Lehren, mit denen GOTT die Menschen prüft, ob sie leichtgläubig etwas annehmen, was ihren Herzen gefällt oder ob sie an dem festhalten, was GOTT herabgesandt hat. Natürlich gibt es einige „Muslime", denen es gefällt, wenn eine Schrift behauptet, nicht Jesus, sondern Muhammad wäre der Messias (vgl. *Das Barnabas-Evangelium*, S. 143) – eine Behauptung, die auch mit dem Koran nicht vereinbar ist (vgl. III 45; IV 157) – und alle Segnungen Davids wären auf Ismael übertragen. Die Enterbung Israels ist durchaus ein allgegenwärtiger Wunsch. Denn solches und vieles mehr steht in dem „Barnabas-Evangelium".

Natürlich gibt es auch viele Männer, in allen Religionsgemeinschaften, denen es gefällt, wenn sie für ihre eigenen Unzulänglichkeiten bei den Frauen den „Sündenbock" suchen können.

Der Koran besagt eindeutig, dass Satan mit beiden *sprach.* Eva *und* Adam: „Und Satan *flüsterte ihnen* [!] ein, dass er ihnen zeigen wolle, was ihnen verheimlicht war – ihre Nacktheit. Und er sagte: ‚Euer HERR hat euch diesen Baum nur verboten, damit ihr nicht Engel oder unsterblich werdet.' Und er schwur ihnen: ‚Gewiss bin ich euch ein guter Berater.'" (VII 20–21)

Der Koran und die Tora kommen also zu demselben Ergebnis: Adam und Eva haben gleichermaßen Satan gehört und von dem Baum gegessen. Dem widerspricht das „Barnabas-Evangelium" und ebenso Paulus, wenn er sagt: „Und nicht Adam wurde verführt, sondern die Frau ließ sich verführen und übertrat das Gebot." (1 Tim 2,14)

Über Menschen mit homosexuellen Neigungen schreibt Paulus: „Männer trieben mit Männern Unzucht und erhielten den ihnen gebührenden Lohn für ihre Verirrung. Und da sie sich weigerten, GOTT anzuerkennen, lieferte GOTT sie einem verworfenen Denken aus, sodass sie tun, was sich nicht gehört: Sie sind voll Ungerechtigkeit, Schlechtigkeit, Habgier und Bosheit, voll Neid, Mord, Streit, List und Tücke, sie verleumden und treiben üble Nachrede, *sie hassen* GOTT, sind überheblich, hochmütig und prahlerisch, erfinderisch im Bösen und ungehorsam gegen die Eltern, sie sind unverständig und haltlos, ohne Liebe und Erbarmen. Sie erkennen, dass GOTTES Rechtsordnung bestimmt: Wer so handelt, verdient den Tod. Trotzdem tun sie es nicht nur selber, sondern stimmen bereitwillig auch denen zu, die so handeln." (Röm 1,27–32)

Menschen mit homosexuellen Neigungen sind bekanntermaßen in Kirchen tätig. Auch wenn ich die Worte des Paulus für ein Pauschalurteil halte, dem es selbst an Liebe und Erbarmen fehlt, wenn Paulus sagt: „*sie hassen* GOTT", so ist dies nachweislich falsch. Während GOTT *Handlungen* kritisiert, urteilt Paulus über den Menschen, der sie ausübt. Das ist ein kleiner, aber bedeutender Unterschied.

Jesus Christus lehrt: „Einigen, *die von ihrer eigenen Gerechtigkeit überzeugt waren und die anderen verachteten*, erzählte Jesus dieses Beispiel: Zwei Männer gingen zum Tempel hinauf, um zu beten; der eine war ein Pharisäer, der andere ein Zöllner. Der Pharisäer stellte sich hin und sprach leise dieses Gebet: GOTT, ich danke DIR, dass ich nicht wie die anderen Menschen bin, die Räuber, Betrüger, Ehebrecher oder auch wie dieser Zöllner dort. Ich faste zweimal in der Woche und gebe dem Tempel den zehnten Teil meines ganzen Einkommens.
Der Zöllner aber blieb ganz hinten stehen und wagte nicht einmal, seine Augen zum Himmel zu erheben, sondern schlug sich an die Brust und betete: GOTT, sei mir Sünder gnädig! *Ich sage euch: Dieser kehrte als Gerechter nach Hause zurück, der andere nicht.* Denn wer sich selbst erhöht, wird erniedrigt, wer sich aber selbst erniedrigt, wird erhöht werden." (Lk 18,9–14)

Wenn ich mir vor Augen halte, wie Paulus über die Juden und die Magd Hagar, über Frauen und Menschen mit homosexuellen Neigungen spricht, so empfinde ich dies durchaus für verächtlich.

Anmerkung: Auch Paulus war vor seiner Berufung „Pharisäer" (vgl. Phil 3,5). Das bedeutet aber nicht, dass Pharisäer, genauso wie Paulus, Menschen wären, die heute selber wiederum verunglimpft oder verächtlich bedacht werden sollten. Schließlich ist es nicht leicht, ein Zehntel der Einnahmen zu spenden und zweimal wöchentlich zu fasten. Aber dies ist ein wichtiger und auch sehr hilfreicher GOTTES-Dienst – auch im Islam.

Über Tiere sagt Paulus:
„Im Gesetz des Mose steht doch: Du sollst dem Ochsen zum Dreschen keinen Maulkorb anlegen. *Liegt denn* GOTT *etwas an den Ochsen*? Sagt ER das nicht offensichtlich unseretwegen? Ja, unseretwegen wurde es geschrieben." (1Kor 9,9–10)

In der Art und Weise, wie Paulus die Frage stellt: „Liegt denn GOTT etwas an den Ochsen?", und anschließend antwortet: „Sagt ER das nicht offensichtlich unseretwegen? Ja, unseretwegen wurde es geschrieben", vermittelt Paulus den Eindruck, GOTT läge nichts an den Ochsen.

Wenn solche „Botschaften" eher unbewusst, als bewusst vermittelt werden, so ist dies meines Erachtens um so schwerwiegender. Die Worte von Paulus sind seit knapp zwei Jahrtausenden in den Gläubigen wirksam, d.h. bis in das vorletzte Jahrhundert eigentlich in der ganzen Gesellschaft, und beeinflussten deren Denken. Damit beeinflussen die Worte von Paulus das Denken der Menschen bis heute, ohne dass sich diese dessen überhaupt gewahr sind.

In der Tora ist zu erfahren wie GOTT sogar mit Tieren spricht, die noch weniger mit den Menschen verwandt sind, als der Ochse: „GOTT schuf alle Arten von großen Seetieren und anderen Lebewesen, von denen das Wasser wimmelt, und alle Arten von gefiederten Vögeln. GOTT sah, dass es gut war. GOTT *segnete sie und sprach*: Seid fruchtbar und vermehrt euch und bevölkert das Wasser im Meer und die Vögel sollen sich auf dem Land vermehren." (Gen 1,21–22)

Bei einer anderen Geschichte in der Tora wird ein Prophet sogar von seinem Esel zurechtgewiesen, nachdem er ihn grob und ungerecht behandelt hatte:
„Da öffnete der HERR dem Esel den Mund und der Esel sagte zu Bileam: Was habe ich dir getan, dass du mich jetzt schon zum dritten Mal schlägst? Bileam erwiderte dem Esel: Weil du mich zum Narren hältst. Hätte ich ein Schwert dabei, dann hätte ich dich schon umgebracht. Der Esel antwortete Bileam: Bin ich nicht dein Esel, auf dem du seit eh und je bis heute geritten bist? War es etwa je meine Gewohnheit, mich so gegen dich zu benehmen? Da musste Bileam zugeben: Nein." (Num 22,28–30)

Wer das Wort GOTTES offenen Herzens liest, wird mit mir vielleicht darüber einstimmen, dass GOTT sich wünscht, auch die Tiere gut zu behandeln?
Im Koran steht sogar: „Keine Tiere gibt es auf Erden und keinen Vogel, der mit seinen Schwingen fliegt, *die nicht Völker wie ihr sind*." (VI 38)
Auch der Koran will damit sagen, dass vor GOTT alle Lebewesen hohe Wertschätzung genießen. Gerade der Mensch, aufgrund seiner Funktion als „Statthalter auf Erden" (vgl. XXXV 39), sollte deshalb nicht nur gegenüber den vermeintlich „schwächeren" Mitmenschen, sondern auch gegenüber den Tieren, wie auch gegenüber der Umwelt, so rücksichtsvoll wie möglich handeln.

Ich habe mich jetzt bemüht, den Leserinnen und Lesern in einigen Punkten zu veranschaulichen, warum das Wort von Paulus nicht das Wort von GOTT sein kann. Jetzt möchte ich am Beispiel des ersten Kreuzzuges zeigen, warum Paulus mit seiner Lehre so erfolgreich war, und warum Christen auch heute so sehr an dieser Lehre hängen. Zunächst heißt es – dies noch als Nachtrag zu dem bereits Gesagten – über die Judenpogrome in den Anfängen des Ersten Kreuzzuges 1096, die in Deutschland und Frankreich über 12.000 Juden das Leben kosteten: „Besonders der Aufbruch der Kreuzfahrer ist von unbarmherzigen Pogromen begleitet, welche die Empörung einiger Prälaten und Fürsten erregen, namentlich die der Kaiser, die versuchen, die Juden zu schützen. 1096 töten die Kreuzfahrer nach den sächsischen Annalen in Mainz ,900 Juden, ohne Frauen und Kinder zu verschonen [...] das war ein jämmerlicher Anblick, diese großen und zahlreichen Leichenhaufen, die man auf Wagen aus der Stadt fuhr.‘‘
(Das Hochmittelalter: Erster Teil, Die Entfaltung der Christenheit 1060–1180, *Fischer Weltgeschichte*, S. 8032)

Über die darauf folgende Einnahme Jerusalems bei dem ersten Kreuzzug 1099 wird dann berichtet:
„Der anonyme Chronist des ersten Kreuzzugs schreibt: ‚In der Stadt verfolgten und töteten unsere Pilger die Sarazenen bis zum Tempel Salomos, wo sie sich versammelten und während des ganzen Tages den unseren den wütendsten Kampf lieferten, so dass der ganze Tempel von ihrem Blut triefte. Endlich, nachdem sie die Heiden niedergezwungen hatten, fingen die unseren im Tempel eine große Anzahl Kinder und Frauen und töteten sie oder ließen sie am Leben, wie es ihnen gut dünkte. Auf den Tempel Salomos hatte sich eine vielköpfige Gruppe von Heiden beiderlei Geschlechts geflüchtet, denen Tankred und Gaston von Béarn ihre Fahnen als Schutz gegeben

hatten. Die Kreuzfahrer liefen bald durch die Stadt, rafften Gold, Silber, Pferde, Mulis zusammen und plünderten die Häuser, die vor Reichtum überflössen.

Danach, glücklich und vor Freude weinend, gingen die unseren zum Grab unseres Heilands Jesus Christus und *entledigten sich ihrer Schuld gegen ihn.*

Am anderen Morgen stiegen sie auf das Dach des Tempels, griffen die Sarazenen an, Männer und Frauen, und enthaupteten sie mit gezogenem Schwert. Einige stürzten sich vom Tempel herab. Dieser Anblick erfüllte Tankred mit Empörung.' Urban II. starb einige Tage später, ohne die Neuigkeit erfahren zu haben."

(Das Hochmittelalter: Erster Teil. Die Entfaltung der Christenheit 1060–1180, *Fischer Weltgeschichte*, S.7945)

Die Kreuzritter gingen also mit den Tränen der Freude zur Grabeskirche, *um sich ihrer „Schuld" zu „entledigen".* Ist es wirklich so einfach?

Paulus lehrt: „Ohne es verdient zu haben, werden sie gerecht, dank seiner Gnade, durch die Erlösung in Christus Jesus." (Röm 3,24)

An diesem Beispiel wird vielleicht auch deutlich, weshalb Christen noch heute so sehr an der Lehre von Paulus hängen, und warum Paulus kaum in Frage gestellt wird. Seine Lehre befriedigt das Bedürfnis eines jeden Menschen nach Ruhe und Sicherheit. Wer an Jesus glaubt, der ist durch seinen Tod, sofort und ohne eigenes Dazutun mit Sicherheit erlöst und gerecht. Aber dass Gerechtigkeit nicht allein an den Glauben, sondern auch an die entsprechenden Werke gebunden ist, versuchte ich bereits ausführlich zu zeigen. GOTT will die Sicherheit der Erlösung und des Paradieses den Menschen nach meinem Dafürhalten bis zum Tag des Gerichts *nicht* geben (vgl. LXX 26–28; Lk 21,34–36). So wie die Unsicherheit der Schüler vor einer nahenden Prüfung diese motivieren soll zu lernen, so soll die Unsicherheit des Menschen über sein Bestehen am Tag des Gerichts motivieren, das Leben zu nützen, um zu lernen.

Im Evangelium steht:
„Sie wird einen Sohn gebären, ihm sollst du den Namen Jesus geben; denn er wird sein Volk von seinen Sünden erlösen." (Mt 1,21)

Die Frage ist dabei allerdings, *wie und wann* die Erlösung von den Sünden erfolgt? Ist der Leib und das Blut Jesu wörtlich aufzufassen, und erfolgt die Erlösung sofort und ohne eigenes Dazutun, so wie Paulus es lehrt:
„Ohne es verdient zu haben, werden sie gerecht, dank seiner Gnade, durch die Erlösung in Christus Jesus." (Röm 3,24)
Oder ist der Leib und das Blut Jesu ein Gleichnis für das Wort GOTTES, und die Erlösung dabei, neben der Gnade GOTTES, auch an die Umsetzung des Wort GOTTES gebunden, und damit eine Angelegenheit, die etwas Geduld und Hingabe erfordert, und nicht von heute auf morgen geschieht?
In diesem letzteren Sinn, meine ich, erklärt Jesus die Erlösung von der Sünde (vgl. Kapitel II.2.), und auf diese Weise lassen sich auch alle Textstellen des Evangeliums auslegen. Sein Leben, das Lösegeld, das Jesus für viele gibt (vgl. Mt 20,28), sein Fleisch und Blut, ist sein WORT.

Heute halten die Menschen dieses kostbare „Lösegeld" in den Händen, wenn sie das Evangelium lesen.

Wie auch jedes andere unmittelbare Wort von GOTT:
„Wenn sie die Tora und das Evangelium befolgten und was zu ihnen von ihrem HERRN hinabgesandt wurde, wahrlich, dann speisten sie von dem, was über ihnen und zu ihren Füßen ist." (V 66)

Natürlich ist die Lehre von Paulus einfach anzunehmen:
„Aufgrund dieses Willens sind wir durch die Opfergabe des Leibes Jesu Christi ein für alle Mal geheiligt." (Hebr 10,10)
„So hat das Gesetz uns in Zucht gehalten bis zum Kommen Christi, damit wir durch den Glauben gerecht gemacht werden. Nachdem aber der Glaube gekommen ist, stehen wir nicht mehr unter dieser Zucht." (Gal 3,24–25)

Ich möchte aber in Frage stellen, dass die Menschen durch ihren Glauben bereits „ein für alle Mal geheiligt" sind. Der eigentliche Sinn und Zweck des Daseins auf Erden erscheint mir zu lernen und zu wachsen. Die Gebote der Heiligen Schrift oder in den eher abschreckenden Worten von Paulus die „Zucht", welche Paulus für aufgelöst betrachtet, sind für diesen Lernprozess das ideale „Lernprogramm" – so zum Beispiel:
—   Die Entwicklung von Willenskraft, innerer Ruhe und Gesundheit durch Fasten.
—   Das Erlangen einer Verbindung zu GOTT und inneren Frieden durch das Gebet.
—   Das Erlangen von Freude und Ausgeglichenheit durch das richtige Halten des Sabbats.
—   Die Entwicklung von Familien- und Gemeinschaftssinn.
—   Die Kontrolle von Egoismus durch Almosen usw.
Doch erscheint es mir unmöglich, diese Dinge von heute auf morgen zu erlernen, sondern vielmehr eine lebenslange Aufgabe, welche auch noch Beruf und Familie mit einschließen sollte.

Fazit: So kam durch Moses das Gesetz, durch Jesus Christus die Gnade (vgl. Joh 1,17). Die Gnade hat nach meiner Überzeugung das Gesetz aber nicht aufgehoben, sondern ist in das Gesetz mit eingeflossen.

Deshalb betont Jesus Christus die Gerechtigkeit und Liebe, genauso wie die *Nichtaufhebung des Gesetzes*, wenn er sagt: „Ihr gebt den Zehnten von Minze, Gewürzkraut und allem Gemüse, die Gerechtigkeit aber und die Liebe zu GOTT vergesst ihr. *Man muss das eine tun ohne das andere zu unterlassen.*" (Lk 11,42)

Jesus Christus lehrt seine Jünger:
„Darum geht zu *allen* Völkern und macht *alle* Menschen zu meinen Jüngern [...] und lehrt sie, *alles* zu befolgen, was ich euch geboten habe." (Mt 28,19–20)
Ich kann daraus nur den Schluss ziehen, dass das Zitat am Anfang dieses Kapitels unter Mt 5,17–20, dem auch an keiner anderen Stelle im Evangelium widersprochen wird, nicht nur Juden, sondern allen Christen, Völkern und Menschen nahe legt, die Tora und die Propheten Israels zu befolgen.

b) Die Ankündigung von Prophet Muhammad durch Jesus Christus

Angekündigt wird Prophet Muhammad durch Jesus Christus im Evangelium von Johannes:

„Doch ich sage euch die Wahrheit: Es ist gut für euch, dass ich fortgehe. Denn wenn ich nicht fortgehe, wird der Beistand nicht zu euch kommen; gehe ich aber, so werde ich ihn zu euch senden. Und wenn er kommt, wird er die Welt überführen (und aufdecken), was Sünde, Gerechtigkeit und Gericht ist; Sünde: dass sie nicht an mich glauben; Gerechtigkeit: dass ich zum VATER gehe und ihr mich nicht mehr seht; Gericht: dass der Herrscher dieser Welt gerichtet ist. Noch vieles habe ich euch zu sagen, aber ihr könnt es jetzt nicht tragen.

Wenn aber jener kommt, der Geist der Wahrheit, wird er euch in die ganze Wahrheit führen. Denn er wird nicht aus sich selbst heraus reden, sondern er wird sagen, was er hört, und euch verkünden, was kommen wird. Er wird MICH verherrlichen; denn er wird von dem, was MEIN ist, nehmen und es euch verkünden. Alles, was der VATER hat, ist mein; darum habe ich gesagt: Er nimmt von dem, was mein ist, und wird es euch verkünden." (Joh 16,7–15)

Christen beziehen den an dieser Stelle angekündigten „Geist der Wahrheit" bis heute auf den HEILIGEN GEIST, welcher bereits kurz vorher, unter Johannes 14,26, als Beistand für die Jünger vorausgesagt wird:

„Der Beistand aber, der HEILIGE GEIST, den der VATER in meinem Namen senden wird, DER wird euch alles lehren und euch an alles erinnern, was ich euch gesagt habe." (Joh 14,26)

Da unter Johannes 14,26 und 16,7 gleichermaßen vom „Beistand" gesprochen wird, liegt es nahe, auch unter Johannes 16,7–15 davon auszugehen, dass es sich bei dem „Geist der Wahrheit" um den HEILIGEN GEIST handelt.

So wie der „HEILIGE GEIST" unter 14,26 wörtlich benannt wird, und die Apostel diesen ab dem Pfingstfest, nach der Auferstehung Jesu, auch wirklich als „Beistand" bekamen.

Nach meiner Auffassung ist es aber nicht möglich, dass es sich bei dem „Geist der Wahrheit" unter Johannes 16,7–15 um den HEILIGEN GEIST handeln kann, denn es heißt: „Denn er wird *nicht aus sich selbst heraus reden*, sondern er wird sagen, was er *hört.*" (Joh 16,13)

In der Apostelgeschichte befindet sich eine Aussage, welche verdeutlichen sollte, dass der HEILIGE GEIST selbstständig und mit der Vollmacht GOTTES spricht:
„Als sie zu Ehren des HERRN GOTTES-Dienst feierten und fasteten, sprach der HEILIGE GEIST: Wählt MIR Barnabas und Saulus zu dem Werk aus, zu dem ICH sie MIR berufen habe." (Apg 13,2)

Dass diese Aussage mit dem Willen GOTTES übereinstimmt, wird durch eine vorangehenden Textstelle erkennbar: „Der HERR aber sprach zu ihm [Hananias, einem Jünger Jesu]: Geh nur! Denn dieser Mann [Saulus] ist MEIN auserwähltes Werkzeug [...]." (Apg 9,15)

Der HEILIGE GEIST ist demzufolge deshalb „heilig", weil er der GEIST GOTTES ist. Wenn der HEILIGE GEIST spricht, so spricht GOTT.
Auch wenn wir Menschen denken, sprechen und handeln, so ist es eigentlich unser Geist, der denkt, spricht und handelt. Wir unterscheiden gelegentlich ebenfalls zwischen uns selbst und unserem Geist, oder „Psyche" (gr. für Seele). Dennoch käme niemand auf die Idee, einen Menschen plötzlich in zwei Personen aufzuteilen, den Menschen selbst und seinem Geist. Vielmehr ist der Geist *ein Teil* des Menschen.

Ebenso unverständlich erscheint es mir, eine solche Unterscheidung bei GOTT und SEINEM HEILIGEN GEIST zu treffen. GOTT und der HEILIGE GEIST sind eins, so wie die Menschen, die GOTT daran teilhaben lassen möchte, mit IHM eins sein werden, durch den HEILIGEN GEIST. Das ist die Lehre und Frohe Botschaft des Evangeliums – mit Jesus Christus als lebendiges Beispiel (vgl. Kap. II.1.).

Nichts ist über GOTT, und da GOTT einzig ist, ist auch nichts neben GOTT. Als der Einzige und allem Übergeordnete, wird der HEILIGE GEIST GOTTES, von dem alles ausgeht, meiner Ansicht nach unter keinem Umstand „sagen, was er hört".

Als weitere Möglichkeit bleibt für den „Geist der Wahrheit" also nur ein Prophet, welcher, wie bereits die Propheten zuvor, eine Offenbarung erhält.

Diese Offenbarung wird umfassend sein: *„Noch vieles habe ich euch zu sagen*, aber ihr könnt es jetzt nicht tragen." (Joh 16,12).

Vor allem wird es eine letzte und alles abschließende Offenbarung sein: „Wenn aber jener kommt, der Geist der Wahrheit, *wird er euch in die ganze Wahrheit führen.*" (Joh 16,13)
„Die *ganze* Wahrheit", *ganz* im Sinn von komplett, vollständig, bedeutet einen Abschluss der Offenbarung.

Da Jesus Christus von nur *einem* „Geist der Wahrheit" spricht, und nicht von mehreren, würde ich darüber hinaus annehmen, dass nach dem Evangelium nur noch die Offenbarung eines *einzigen* Propheten zu erwarten ist. Abgesehen von der Apostelgeschichte, welche dem Evangelisten Lukas zugerechnet wird, und welche der Heiligen Schrift nicht widerspricht.

Anmerkung: Paulus hatte die Ankündigung eines letzten Propheten wahrscheinlich erkannt, wenn er behauptet:

„Aber der HERR stand mir zur Seite und gab mir Kraft, *damit durch mich die Verkündigung vollendet wird* und alle Heiden sie hören; und so wurde ich dem Rachen des Löwen entrissen." (2 Tim 4,17) Paulus sagt, dem Wortlaut dieser Übersetzung entsprechend, zwei Dinge aus:
1. Der Verkündigung (Offenbarung) fehlt noch die Vollendung (Abschluss).
2. Er selbst ist derjenige, der den Menschen diesen Abschluss der Offenbarung gibt.

Dass Paulus tatsächlich den Anspruch hat, nicht nur seinem Auftrag gemäß den Namen GOTTES bekanntzumachen (vgl. Apg 9,15), sondern auch Prophet zu sein, also jemand, der selbst Offenbarung erhält, werde ich in Kap. III.3. genauer erörtern.

Wenn Jesus Christus eine abschließende große Offenbarung eines letzten Propheten ankündigt, kann die Aufnahme einer Vielzahl von Briefen unterschiedlicher Apostel bzw. Verfasser in die christliche Bibel unmöglich richtig sein.

Weshalb ich es für fragwürdig halte, die Briefe von Paulus als das Wort GOTTES zu lehren, versuchte ich bereits zu erklären. Die Briefe der anderen Apostel bzw. Verfasser sind bezüglich deren Umfang kaum eine umfassende und abschließende Offenbarung. Die „Offenbarung des Johannes" werde ich im Anschluss an dieses Kapitel noch etwas näher betrachten.

Der Koran bestätigt das Evangelium als das ungefälschte Wort GOTTES, erwähnt aber aus dem „Neuen Testament" darüber hinaus keine weitere Schrift.

Dies entspricht dem Evangelium, welches, wie ich jetzt zu begründen versuche, nur noch Prophet Muhammad als letzten Propheten ankündigt.

Prophet Muhammad verkündete nur, was er von Erzengel Gabriel hörte. Damit ist die Aussage: „Denn er wird nicht aus sich selbst heraus reden, sondern er wird sagen, was er hört [...]" (Joh 16,13) eine genaue Beschreibung der Art und Weise, in welcher der Koran dem Propheten Muhammad offenbart wurde.

Im Koran wird Prophet Muhammad als „das Siegel der Propheten" (XXXIII 40) bezeichnet, was einen Abschluss der Offenbarung bedeutet (vgl. Joh 16,12).

GOTT gibt den Menschen mit dem Koran nicht nur eine abschließende, sondern auch eine umfassende Offenbarung, welche das Vorangegangene erweitert, ohne es dabei aufzuheben: „Noch vieles habe ICH euch zu sagen, aber ihr könnt es jetzt nicht tragen." (Joh 16,12)

Alle weiteren Kriterien unter Joh 16,7–15 entsprechen ebenfalls im Besonderen oder ausschließlich dem durch Prophet Muhammad offenbarten Koran.
„[...], der „Geist der Wahrheit, wird [...] euch verkünden, was kommen wird." (Joh 16,13) Der Koran beschreibt wie keine andere Schrift das Jenseits, aber auch das zukünftige Geschehen, vor allem am „Jüngsten Tag".
„Er wird MICH verherrlichen, denn er wird von dem, was MEIN ist, nehmen und es euch verkünden. Alles, was der VATER hat, ist mein; darum habe ich gesagt: Er nimmt von dem, was mein ist, und wird es euch verkünden."
(Joh 16,14–15)
Der Koran ist das Wort GOTTES – „Alles, was der VATER hat, ist mein; darum habe ich gesagt: Er nimmt von dem, was mein ist ..." –, und eine Verherrlichung GOTTES, auf den Jesus sich an dieser Stelle so eindeutig bezieht. Verherrlicht wird GOTT im Koran auch durch Jesus Christus, dessen Geburt durch die Jungfrau Maria, Wunder, Auferstehung und Himmelfahrt bestätigt wird.

„Und wenn er kommt, wird er die Welt überführen (und aufdecken), was Sünde, was Gerechtigkeit und Gericht ist; Sünde: dass sie nicht an mich glauben; Gerechtigkeit: dass ich zum VATER gehe und ihr mich nicht mehr seht; Gericht: dass der Herrscher dieser Welt gerichtet ist." (Joh 16,8–11)

„Sünde: dass sie nicht an mich glauben"

Der Glaube an den Einen GOTT, aber auch der Glaube an SEINE Gesandten und den Messias, Jesus, ist zentraler Bestandteil des Korans:
„Damals sprach GOTT: ,O Jesus! ICH will dich verscheiden lassen und zu MIR erheben. Und will dich von den Ungläubigen befreien und *diejenigen, welche dir folgen, über die Ungläubigen setzen, bis zum Tage der Auferstehung*[...].'" (III 55)
„Als nun Jesus mit klaren Beweisen kam, sprach er: ,Ich bin mit der Weisheit zu euch gekommen und um euch etwas von dem zu erklären, worüber ihr uneins seid. So fürchtet GOTT und *gehorcht mir.*'" (XLIII 63)
„Und als die Engel sprachen: ,O Maria! Wahrlich, GOTT hat dich auserwählt und gereinigt und vor den Frauen aller Welt erwählt. [...] O Maria! Wahrlich, GOTT verkündet dir (frohe Botschaft) durch ein Wort von IHM: (einen Sohn), sein Name ist *Messias*, Jesus, der Sohn der Maria, angesehen in dieser Welt und im Jenseits, einer der (GOTT) Nahestehenden.'" (III 42–45)

„Gerechtigkeit: dass ich zum VATER gehe, und ihr mich nicht mehr seht"

Jesus Christus spricht von seiner Himmelfahrt:
„dass ich zum VATER gehe, und ihr mich nicht mehr seht."
In diesem Zusammenhang steht das Wort „Gerechtigkeit" im Vordergrund.

Der Koran bestätigt (vgl. Kap. II.2), dass Jesus Christus nicht getötet wurde und in den Himmel aufgefahren ist: „Und weil sie sprachen: ‚Siehe, wir haben den Messias Jesus, Sohn der Maria, den Gesandten GOTTES getötet' – doch sie töteten ihn nicht und kreuzigten ihn nicht (zu Tode), sondern es erschien ihnen nur so. Und siehe, diejenigen, die darüber uneins sind, sind wahrlich im Zweifel über ihn. Sie wissen nichts davon, sondern folgen nur Vermutungen. Und sie töteten ihn mit Gewissheit nicht. Ganz im Gegenteil: GOTT erhöhte ihn zu SICH; und GOTT ist mächtig und weise." (IV 157–158)

„Gericht: dass der Herrscher dieser Welt gerichtet ist"

Der „Herrscher dieser Welt" ist der Teufel. Dies verdeutlichen die Worte von Jesus Christus an anderer Stelle: „Ich werde nicht mehr viel zu euch sagen; denn es kommt der Herrscher dieser Welt. Über mich hat er keine Macht." (Joh 14,30)

Der Koran zeigt genau das, was Jesus Christus andeutet: den Fall von „Iblis", dem Teufel, dem „Herrscher dieser Welt". *Seine Verurteilung, aber auch den Aufschub der Urteilsvollstreckung bis zum Tage des Gerichts,* und seine Herrschaft auf Erden bis dahin über alle, die seinen Verführungen folgen:
„Da warfen alle Engel sich [vor Adam] nieder – außer Iblis. Er war hochmütig und wurde einer der Undankbaren. ER fragte: ‚O Iblis! Was hinderte dich daran, dich niederzuwerfen vor dem, was ICH mit MEINEN Händen erschuf? Bist du zu stolz oder glaubst du etwa, höherrangig zu sein?' Er antwortete: ‚Ich bin besser als er! Mich hast DU aus Feuer erschaffen, ihn aber nur aus Lehm.' ER sprach: ‚Geh weg von hier! Siehe, du bist jetzt ein Verworfener! Auf dir lastet MEIN Fluch bis zum Tage des Gerichts.' Er sagte: ‚O mein HERR! Gewähre mir

Aufschub bis zum Tage der Auferweckung.' Er sprach: *Wohlan, dir wird Aufschub gewährt. Bis zum Tage, dessen Zeitpunkt bestimmt ist.*' Er sprach: ,Bei Deiner erhabenen Macht, ich werde sie gewiss allesamt verführen, außer Deinen auserwählten Dienern unter ihnen.' Er sprach: ,So steht es in Wahrheit, und Ich spreche die Wahrheit: Wahrlich, Ich werde die Hölle füllen – mit dir und mit denen, die dir folgen, allesamt.'

Sprich: ,Ich verlange von euch keinen Lohn dafür, und ich masse mir nichts an. Er [der Koran] ist nichts weniger als eine Mahnung für alle Welten.'"
(XXXVIII 73–87; vgl. VII 11–18; XV 31–41)

Wenn Jesus Christus also verkündet: „Und wenn er kommt, wird er die Welt überführen (und aufdecken), was Sünde, was Gerechtigkeit und Gericht ist", so entspricht dies wichtigen Erklärungen, welche sich im Koran befinden.

Fazit: Alles, womit Jesus Christus ein großes, abschließendes Wort ankündigt, entspricht dem durch Erzengel Gabriel an Prophet Muhammad offenbarten Koran.

Das Evangelium wird so zum Bindeglied zwischen der Tora und den Propheten Israels sowie dem Koran. Die Tora und die Propheten Israels werden als Grundlage in das Evangelium mit einbezogen und der Koran angekündigt.

Anmerkung zur „Apokalypse" bzw. der „Offenbarung des Johannes"

In einem Kommentar des Bayerischen Rundfunks mit dem Titel „Ein Buch mit sieben Siegeln: Die Apokalypse" sagt Hans-Peter Weigel: „Die Apokalypse ist ein gefährliches Buch. Gefährlich erstens für unkritische Geister – denn die Bilder der Offenbarung öffnen der frommen Spekulation Tür und Tor. Gefährlich zweitens für selbstherrliche, GOTT und den Menschen verachtende Machthaber [...]."
(In: Bayern2radio Wissen: „Ein Buch mit sieben Siegeln: Die Apokalypse", im Internet URL: http://www.bronline.de/wissen-bildung/collegeradio /medien/religion/ apokalypse/manuskript/doclink.pdf; abgerufen am 4. August 2006)

Der Kommentator kommt bezüglich der Johannesoffenbarung am Ende doch zu einem positiven Ergebnis, im Sinne von: Missverstanden – missbraucht.

Es ist meiner Meinung nach sehr wohl angebracht, der Offenbarung des Johannes gegenüber kritisch zu sein. Wie auch die Briefe des Paulus, so hatte diese Offenbarung meines Erachtens keinen guten Einfluss auf die Entwicklung der Weltgeschichte, vor allem für Frauen und das Volk Israel.
Auch in der Offenbarung des Johannes sehe ich eine Kraft, die sich gegen „die Juden" richtet, und das Streben nach Macht und Herrschaft ausdrückt, wie es nicht dem Wort GOTTES entsprechen kann:
„Ich kenne deine Bedrängnis und deine Armut; und doch bist du reich. Und ich weiß, dass du von solchen geschmäht wirst, die sich als Juden ausgeben; sie sind es aber nicht, sondern sind eine Synagoge des Satans." (Offb 2,9)

„Leute aus der Synagoge des Satans, die sich als Juden ausgeben, es aber nicht sind, sondern Lügner – *ich werde bewirken, dass sie kommen und sich dir zu Füßen werfen* und erkennen, dass ich dir meine Liebe zugewandt habe." (Offb 3,9)

Warum sollte GOTT bewirken, dass sich die Juden irgendjemand anderem als GOTT „*zu Füßen werfen*"? Will der Böse solches nicht auch von Jesus, als dieser antwortet: „Weg mit dir, Satan! Denn in der Schrift steht: *Vor dem HERRN, deinem GOTT, sollst du dich niederwerfen und IHM allein dienen*." (Mt 4,10)

Für die Judenverfolgung in Europa im Mittelalter waren solche Worte wohl eine Beflügelung und wie ein Auftrag. Auch der Name von Hitlers „tausendjährigem Reich" entspringt dieser Offenbarung (vgl. Offb 20,1 ff.).

Auch durch diese Schrift, die Problematik besprach ich bereits bei Paulus, werden die Juden „enterbt": „dass du von solchen geschmäht wirst, *die sich als Juden ausgeben; sie sind es aber nicht*, sondern sind eine Synagoge des Satans." (Offb 2,9) „Leute aus der Synagoge des Satans, *die sich als Juden ausgeben, es aber nicht sind*." (Offb 3,9)

Um zum Vergleich einen Blick in den Koran zu werfen: „O ihr Kinder Israels! Gedenkt MEINER Gnade, mit der ICH euch begnadete, und haltet euer Versprechen MIR gegenüber, dann will auch ICH halten, was ICH euch verheißen habe. MICH allein sollt ihr ehren." (II 40)
Erstens fällt mir auf, wie respektvoll GOTT durch den Koran das Volk Israel anspricht. Natürlich sind alle Heiligen Schriften mit dem Volk Israel auch sehr kritisch, denn wen GOTT leitet, den wird ER nicht vor Mühsal und Kritik bewahren. Doch schlagen die Worte dabei nie über

die Stränge. Zweitens, und das erscheint mir noch wichtiger, bestätigt GOTT durch den Koran SEIN Versprechen, also SEINEN Bund mit dem Volk Israel. Hier kann also von „Enterbung" keine Rede sein.

GOTT fügt im Koran aber auch hinzu, was die Grundvoraussetzung für das Einhalten des Versprechens ist:
„Und glaubt an das, was ICH zur Bestätigung euerer Schrift herabsandte, und seid nicht die ersten, die es leugnen, und verkauft nicht MEINE Botschaft für einen winzigen Preis. MICH allein sollt ihr fürchten." (II 41)

Betreffend der „Offenbarung des Johannes" fühlten sich Kriegsherren aller Art durch diese Schrift „inspiriert". In dieser Apokalypse stehen die Gegensätze von „Gut und Böse" im Vordergrund sowie Schilderungen von Zorn und Vergeltung. Auch in der Tora, dem Evangelium und dem Koran gibt es eine Trennung von „Gut und Böse", doch meiner Überzeugung nach mit einem völlig anderen Ziel. Es geht in den Heiligen Schriften darum, die Menschen zu motivieren, das Böse *in sich* (!) zu überwinden und Gutes zu tun.
Ich denke, es gibt keine Eltern, die ihren Kindern nicht auch einmal drohen müssen oder auch einmal etwas bestrafen müssen, um gewisse Verhaltensweisen zu bessern. Und wenn GOTT auch einmal droht, so wird im Anschluss immer der Weg zum Guten aufgezeigt und von Verzeihung und Vergebung gesprochen. Die Apokalypse hingegen, auch die Briefe von Paulus, zeigen nicht diese Neutralität, Güte und Vergebung. Vor allem aber erfolgt die Trennung von „Gut und Böse", das Gericht, durch Menschen und nicht wie in der übrigen Heiligen Schrift durch GOTT.
Das ist meiner Ansicht nach ein großer Unterschied, in welchem sich ein erhebliches Potenzial für Gewalt und Unrecht befindet.

Als „apokalyptische" Stimmung wird eine düstere (Welt-untergangs-)Stimmung bezeichnet, wie sie die Offenba-rung des Johannes bewirkt.

„Dann sah ich den Himmel offen, und siehe, da war ein weißes Pferd, und der, der auf ihm saß, heißt ‚Der Treue und Wahrhaftige'; *gerecht richtet er und führt er Krieg.* Seine Augen waren wie Feuerflammen und auf dem Haupt trug er viele Diademe; und auf ihm stand ein Name, den er allein kennt. *Bekleidet war er mit einem blutgetränkten Gewand*; und sein Name heißt ‚Das Wort GOTTES'. Die Heere des Himmels folgten ihm auf weißen Pferden; sie waren in reines, weißes Leinen gekleidet. *Aus seinem Mund kam ein scharfes Schwert; mit ihm wird er die Völker schlagen. Und er herrscht über sie mit eisernem Zepter, und er tritt die Kelter des Weines, des rächenden Zornes GOTTES, des HERRSCHERS über die ganze Schöpfung.* Auf seinem Gewand und auf seiner Hüfte trägt er den Namen: ‚König der Könige und Herr der Herren'." (Offb 19,11–16)

Jesus Christus, von dem hier die Rede ist, als Richter und Krieger *mit Schwert im blutgetränkten Gewand*?
Mit Jesus Christus, welcher die Feindesliebe predigt (vgl. Mt 5,43–48) und sagt „ich bin nicht gekommen, um die Welt zu richten, sondern um sie zu retten." (Joh 12,47; vgl. Joh 3,17), hat eine solche Vision meiner Überzeugung nach wenig gemeinsam.

Jesus *„herrscht"* über die Menschen *„mit eisernem Zepter"*?
Die Heiligen Schriften vermitteln genau das Gegenteil: Kein Mensch sollte über den anderen Menschen *herr-schen*. GOTT wollte, wie durch die Propheten Israels zu erfahren ist, für die Menschen nicht einmal einen König und warnt vor diesbezüglichem Machtmissbrauch (vgl. 1 Sam 8,7 ff.).

Der Koran betont: „Kein Zwang im Glauben!" (II 256)

Jesus Christus gibt das Vorbild und lehrt: „Die Könige *herrschen über ihre Völker* und die Mächtigen lassen sich Wohltäter nennen. *Bei euch aber soll es nicht so sein,* sondern der Größte unter euch soll werden wie der Kleinste und der Führende soll werden wie der Dienende. Welcher von beiden ist größer: wer bei Tisch sitzt oder wer bedient? Natürlich der, der bei Tisch sitzt. *Ich aber bin unter euch wie der, der bedient.*" (Lk 22,25–27)

Weiter heißt es in der „Offenbarung des Johannes":
„Sie werden mit dem Lamm *Krieg* führen, aber das Lamm wird sie besiegen. Denn es ist der Herr der Herren und der König der Könige. Bei ihm sind die Berufenen, Auserwählten und Treuen." (Offb 17,14)

Das „Lamm", also Jesus, wird bei seiner Wiederkehr *Krieg* führen? Auch wenn Befürworter dieser Offenbarung heute sagen, Jesus als Kriegsherr sei nur symbolisch gemeint, welchen Sinn hätte eine solche Symbolik, die so viele Menschen in die Irre geführt hat?

Jesus lehrt:
„Ihr habt gehört, dass gesagt worden ist: Du sollst deinen Nächsten lieben und deinen Feind hassen. Ich aber sage euch: *Liebt eure Feinde und betet für die, die euch verfolgen, damit ihr Söhne eures* VATERS *im Himmel werdet;* denn ER lässt seine Sonne aufgehen über Bösen und Guten, und ER lässt regnen über Gerechte und Ungerechte. Wenn ihr nämlich nur die liebt, die euch lieben, welchen Lohn könnt ihr dafür erwarten? Tun das nicht auch die Zöllner? Und wenn ihr nur eure Brüder grüßt, was tut ihr damit Besonderes? Tun das nicht auch die Heiden? Ihr sollt also vollkommen sein, wie es auch euer himmlischer VATER ist." (Mt 5,43–48)

Darüber findet sich in der Offenbarung, wie bei Paulus, neben den Juden wiederum die Frau als „Zielscheibe". Wie ich befürchte, hat die hier verwendete Symbolik bei der sich in jeder Hinsicht an Juden und Frauen vergehenden „christlichen" Kreuzritter- und Kriegerschar des Mittelalters, wie auch zu anderen Zeiten, einen guten Teil zu dem Verhalten der Verantwortlichen beigetragen.

Ist bei Paulus „Eva" die Alleinverantwortliche für Sünde und Schuld, so wird in der Offenbarung des Johannes die Stadt Babylon symbolisiert durch eine Frau, die „große abscheuliche Hure": „Die Frau war in Purpur und Scharlach gekleidet und mit Gold, Edelsteinen und Perlen geschmückt. Sie hielt einen goldenen Becher in der Hand, der mit dem abscheulichen Schmutz ihrer Hurerei gefüllt war. Auf ihrer Stirn stand ein Name, ein geheimnisvoller Name: Babylon, die Große, die Mutter der Huren und aller Abscheulichkeiten der Erde. Und ich sah, dass die Frau betrunken war vom Blut der Heiligen und vom Blut der Zeugen Jesu. Beim Anblick der Frau ergriff mich großes Erstaunen." (Offb 17,4–6)
Die Offenbarung verwendet also eine Frau, eine „Hure", als Symbol für das Böse schlechthin.

Durch die Propheten Israels wird eine andere Stadt, Jerusalem, ebenfalls mit einer Dirne, einer untreuen Frau, verglichen (vgl. Ez 16,30 ff.).
GOTT spricht jedoch, sich dieser „Dirne" wieder zuzuwenden und ihr zu vergeben: „Aber ICH will MEINES Bundes gedenken, den ICH mit dir in deiner Jugend geschlossen habe, und will einen ewigen Bund mit dir eingehen. [...], weil ICH dir alles vergebe, was du getan hast – Spruch GOTTES, des HERRN." (Ez 16,60–63)

Jesus Christus lehrt im Evangelium sogar: „Da sagte Jesus zu ihnen: Amen, das sage ich euch: Zöllner und

Dirnen gelangen eher in das Reich GOTTES *als ihr.* Denn Johannes ist gekommen, um euch den Weg der Gerechtigkeit zu zeigen, und ihr habt ihm nicht geglaubt; aber die Zöllner und die Dirnen haben ihm geglaubt. Ihr habt es gesehen und doch habt ihr nicht bereut und ihm nicht geglaubt." (Mt 21,31–32)

Ich sehe hierin einen großen Unterschied in der Apokalypse des Johannes zur Heiligen Schrift. Zum einen, in dem die Apokalypse des Johannes die „Dirne" nicht als Symbol für Verführung, sondern vielmehr als Symbol für das Böse an sich verwendet.

Zum anderen, und das scheint mir noch viel schwerwiegender, indem der „Dirne" am Ende nicht vergeben, sondern ihr Gewalt angetan wird:
„SEINE Urteile sind wahr und gerecht. / ER hat die große Hure gerichtet, / die mit ihrer Unzucht die Erde verdorben hat. ER hat Rache genommen für das Blut seiner Knechte, / das an ihren Händen klebte. Noch einmal riefen sie: Halleluja! / Der Rauch der Stadt steigt auf in alle Ewigkeit." (Offb 19,2–3)

Zuvor heißt es, ebenfalls über die Stadt Babylon:
„Zahlt ihr mit gleicher Münze heim, gebt ihr doppelt zurück, was sie getan hat. Mischt ihr den Becher, den sie gemischt hat, doppelt so stark." (Offb 18,6)

Das Böse mit Bösem vergelten, gleich doppelt so stark?

Jesus lehrt: „Ihr habt gehört, dass gesagt worden ist: Auge für Auge und Zahn für Zahn. Ich aber sage euch: Leistet dem, der euch etwas Böses antut, keinen Widerstand, sondern *wenn dich einer auf die rechte Wange schlägt, dann halt ihm auch die andere hin.* Und wenn dich einer vor Gericht bringen will, um dir das Hemd wegzunehmen, dann lass ihm auch den Mantel. Und wenn dich einer zwingen will, eine Meile mit ihm zu gehen, dann geh zwei mit ihm. Wer dich bittet, dem gib, und wer von dir borgen will, den weise nicht ab." (Mt 5,38–42)

Fazit: Ich hoffe, es ist nachvollziehbar, wenn ich behaupte, dass das Böse mit Bösem zu vergelten, und eine Symbolik der Gewalt gegen andere Menschen, insbesondere gegen Frauen und Juden, wenig mit dem Wort GOTTES gemeinsam haben kann.

Wer in der Lage ist, die Schönheit und Wahrheit des Korans zu erkennen, darf die Lehre des Evangeliums guten Gewissens annehmen: Es gibt nach Jesus Christus noch *einen* „Geist der Wahrheit", welcher die Offenbarung abschließt. Dieser ist Prophet Muhammad.

3. Die Einheit der Schrift in der Tora

a) Die Tora verweist auf *alle* von GOTT gesandten Propheten

„Einen Mann aber, der nicht auf die Worte hört, die *der Prophet* in MEINEN Namen verkünden wird, *ziehe* ICH *selbst zur Rechenschaft.*" (Dtn 18,19)

GOTT unterstreicht die Wichtigkeit, nicht nur an die Propheten zu glauben, sondern auch deren Anweisungen zu befolgen. Dies entspricht dem Vers im Koran:
„Alle glauben an GOTT und SEINE Engel und SEINE Schriften und SEINE *Gesandten* und machen keinen Unterschied zwischen SEINEN Gesandten. *Und sie sprechen: ,Wir hören und gehorchen.* "" (II 285)

Und GOTT gibt in der Tora als Kriterium: „Und wenn du denkst: Woran können wir ein Wort erkennen, das der HERR nicht gesprochen hat?, dann sollst du wissen: Wenn ein Prophet im Namen des HERRN spricht, und sein Wort sich nicht erfüllt und nicht eintrifft, dann ist es ein Wort, das nicht der HERR gesprochen hat. Der Prophet hat sich nur angemaßt, es zu sprechen. Du sollst dich dadurch nicht aus der Fassung bringen lassen." (Dtn 18,21–22)

Die Erfüllung der Prophezeiungen ist damit entscheidend, um einen Propheten GOTTES als solchen zu erkennen. Ich möchte aus dem Evangelium und aus dem Koran zitieren, um zu zeigen, dass auch die Prophezeiungen von Jesus Christus und Prophet Muhammad wirklich eingetroffen sind.

–   Jesus Christus prophezeite die Zerstörung des Tempels in Jerusalem:
„Als einige darüber sprachen, dass der Tempel mit schönen Steinen und Weihgeschenken geschmückt sei, sagte

Jesus: Es wird eine Zeit kommen, da wird von allem, was ihr hier seht, kein Stein auf dem anderen bleiben; alles wird niedergerissen werden." (Lk 21,5–6)

Jesus Christus prophezeite auch die Eroberung Jerusalems: „Wenn ihr aber seht, dass Jerusalem von einem Heer eingeschlossen wird, dann könnt ihr daran erkennen, dass die Stadt bald verwüstet wird. Dann sollen die Bewohner von Judäa in die Berge fliehen; wer in der Stadt ist, soll sie verlassen, und wer auf dem Land ist, soll nicht in die Stadt gehen. Denn das sind die Tage der Vergeltung, an denen alles in Erfüllung gehen soll, was in der Schrift steht. Wehe den Frauen, die in jenen Tagen schwanger sind oder ein Kind stillen. Denn eine große Not wird über das Land hereinbrechen: Der Zorn (GOTTES) wird über dieses Volk kommen. Mit scharfem Schwert wird man sie erschlagen, als Gefangene wird man sie in alle Länder verschleppen, und Jerusalem wird von den Heiden zertreten werden, bis die Zeiten der Heiden sich erfüllen." (Lk 21,20–24)

Die damals noch heidnischen Römer haben genau so gehandelt, wie Jesus es angekündigt hatte. Um zu verdeutlichen, dass ein Zusammenhang zwischen der Verurteilung von Jesus Christus und dem zweiten Jüdischen Exil – die Zerstörung des zweiten Tempels in Jerusalem durch die Römer und die Zerstreuung des jüdischen Volkes in alle Welt – besteht, möchte ich eine zusätzliche Überlegung anstellen.

Für das erste Jüdische Exil – die Zerstörung des ersten Tempels in Jerusalem durch den König von Babel und die Deportation vieler Juden nach Babylon, die Region des heutigen Irak – gibt GOTT den Grund an, in den Prophezeiungen Jeremias, die sich ebenfalls erfüllten, und Jeremia als Propheten GOTTES ausweisen:

„ICH mache sie [die Bewohner Jerusalems] zu einem Bild des Schreckens für alle Reiche der Erde *wegen des Manasse*, des Sohnes des Hiskijas, des Königs von Juda, zur Strafe für das, was er in Jerusalem verübt hat." (Jer 15,4)

Etwa 57 Jahre nach dem Ende von Manasses Herrschaft beginnt das erste Jüdische Exil, so wie Jeremia es vorhergesagt hatte.

Um die 70 Jahre nach der Verurteilung von Jesus Christus, so hier die (zeitliche) Verbindung gesehen wird, beginnt das zweite Jüdische Exil, mit der Eroberung Jerusalems und der Zerstörung des Tempels durch die Römer, genauso wie Jesus Christus es vorhergesagt hatte.

– Bezüglich der Prophezeiungen des Propheten Muhammad

Im Koran ist folgende Prophezeiung festgehalten:

„Besiegt sind die Byzantiner. Im Land nahebei. Aber nach ihrer Niederlage werden sie siegen. In wenigen Jahren. GOTT steht die Entscheidung zu, vorher wie nachher. Und an jenem Tage werden die Gläubigen frohlocken über GOTTES Hilfe. ER steht bei, wem ER will. Und ER ist der MÄCHTIGE, der BARMHERZIGE." (XXX 2–5)

Waren die Römer zu der Zeit von Jesus Christus noch Heiden, so sind die Römer (Oströmer; Byzantiner) in dieser Vorhersage Muhammads inzwischen zu Gläubigen geworden, denen GOTT einen Sieg vorhersagt. Die Muslime hatten für sie Partei ergriffen. Diese Vorhersage (um das Jahr 616*) erfolgte ungefähr drei Jahre, nachdem Damaskus (613*) und zwei Jahre, nachdem Jerusalem (614*) von den Persern erobert worden war, und erfüllte sich einige Jahre später (ab 622*) durch Siege der Römer über die Perser. (*vgl. Fußnote von Murad W. Hofmann zu XXX 2–5, S.404)

Eine weitere Prophezeiung zitierte ich bereits: „Damals sprach Gott: ‚O Jesus! Ich will dich verscheiden lassen und zu mir erheben. Und will dich von den Ungläubigen befreien *und diejenigen, welche dir folgen, über die Ungläubigen setzen, bis zum Tage der Auferstehung[...]*‘“ (III 55)

Ist nicht dies eine Prophezeiung, die eingetroffen ist?

Auch wenn die Art und Weise häufig kritikwürdig ist, und viele Menschen des Abendlandes keine praktizierenden Christen mehr sind: Hat sich in den letzten Jahrhunderten die christliche gegenüber der islamischen Welt nicht einen Vorsprung erarbeitet? Es steht ausdrücklich geschrieben: „bis zum Tage der Auferstehung.“

Interessant finde ich auch die Bezeichnung im Koran jener als „Ungläubige“, die nicht Jesus Christus folgen. Muslime denken anscheinend häufig, Nichtmuslime wären „Ungläubige“. Der Koran bezeichnet Juden und Christen aber sehr respektvoll als „Leute des Buches“, wie es auch Muslime sind.

Muslime, Christen und Juden folgen alle einem gleichwertigen Teil der Schrift.

Es gibt darüber hinaus im Koran eine andere Form der „Prophezeiung“: Eine Fülle erst in jüngster Zeit in Betracht gezogener oder erwiesener wissenschaftlicher Aussagen, die in der damaligen Zeit so von einem Menschen nicht hätten getroffen werden können. Als Beispiele möchte ich an dieser Stelle nur die Beschreibung der „Urknalltheorie“ – die Erschaffung des Universums aus einer einzigen Masse –, die Schöpfung allen Lebens aus Wasser und die Ausdehnung des Universums aufführen:

„Sehen die Ungläubigen denn nicht, dass die Himmel und die Erde eine einzige dichte Masse waren, die Wir spalteten, und dass Wir dann aus Wasser alles Lebendige entstehen ließen? Wollen sie denn nicht glauben?" (XXI 30)

„Den Himmel erbauten Wir mit (Unserer) Kraft und seht, wie Wir ihn (ständig) ausdehnen!" (LI 47)

Wie hätte Prophet Muhammad, des Lesens und Schreibens unkundig, vor knapp 1400 Jahren solche genauen Aussagen treffen können?

–   Ich möchte auch Paulus unter dem Gesichtspunkt der zu erfüllenden Prophezeiung betrachten.
Paulus sagt: „Jetzt ist sie da, die Zeit der Gnade; *jetzt ist er da, der Tag der Rettung.*" (2 Kor 6,2)

Jesaja prophezeit: „So spricht der HERR: Zur Zeit der Gnade will ICH dich erhören, / *am Tag der Rettung dir helfen.* ICH habe dich geschaffen und dazu bestimmt, / der Bund zu sein für das Volk, aufzuhelfen dem Land / und das verödete Erbe neu zu verteilen, den Gefangenen zu sagen: Kommt heraus!, / und denen, die in der Finsternis sind: Kommt ans Licht! *Auf allen Bergen werden sie weiden, / auf allen kahlen Hügeln finden sie Nahrung.*" (Jes 49,8–9)

„Dann wohnt der Wolf beim Lamm, / der Panther liegt beim Böcklein. Kalb und Löwe weiden zusammen, / ein kleiner Knabe kann sie hüten. Kuh und Bärin freunden sich an, / ihre Jungen liegen beieinander. / Der Löwe frisst Stroh wie das Rind. Der Säugling spielt vor dem Schlupfloch der Natter, / das Kind streckt seine Hand in die Höhle der Schlange.
Man tut nichts Böses mehr / und begeht kein Verbrechen / auf MEINEM ganzen heiligen Berg; denn das Land ist

erfüllt von der Erkenntnis des HERRN, / so wie das Meer mit Wasser gefüllt ist. *An jenem Tag* wird es der Spross aus der Wurzel Isais sein, / der dasteht als Zeichen für die Nationen; die Völker suchen ihn auf; / sein Wohnsitz ist prächtig. *An jenem Tag* wird der HERR seine Hand von neuem erheben, / um den übrig gebliebenen Rest seines Volkes zurückzugewinnen, von Assur und Ägypten, von Patros und Kusch, / von Elam, Schinar und Hamat / und von den Inseln des Meeres." (Jes 11,6–11)

„*An jenem Tag* wird eine Straße von Ägypten nach Assur führen, sodass die Assyrer nach Ägypten und die Ägypter nach Assur ziehen können. Und Ägypten wird zusammen mit Assur (dem HERRN) dienen.
An jenem Tag wird Israel als Drittes dem Bund von Ägypten und Assur beitreten, zum Segen für die ganze Erde.
Denn der HERR der Heere wird sie segnen und sagen: Gesegnet ist Ägypten, MEIN Volk, und Assur, das Werk MEINER Hände, und Israel, MEIN Erbbesitz."
(Jes 19,23–25)

Heute, nach zweitausend Jahren, möchte ich behaupten, war der „Tag der Rettung" zurzeit von Paulus noch nicht gekommen, selbst wenn es sich dabei um einen „Tag" bei GOTT von tausend Jahren handelt (vgl. Ps 90,4; XXII 74). Israel ist leider bis heute Schauplatz von Unruhe und Gewalt. Auch einen Bund zwischen Ägypten und Syrien, dem sich Israel anschließen wird, gibt es noch nicht. – Ohne die Anerkennung und Umsetzung der „Einheit der Schrift" erscheint mir ein solcher Bund, ebenso wie die an anderer Stelle erkennbare Forderung nach Einheit von Palästinensern und Juden, schwer vorstellbar. – Die Vorhersage oder besser die Behauptung von Paulus entspricht nicht der Wahrheit. Paulus dürfte demnach auch unter diesem Gesichtspunkt nicht als „Wort GOTTES" gelehrt werden.

Hatte Paulus denn überhaupt den Anspruch „Prophet" zu sein, also jemand, der nicht nur das Wort GOTTES verbreitet, sondern auch jemand, der selber Offenbarungen von GOTT erhält?

Paulus sagt: „Ehre sei DEM, DER die Macht hat, euch Kraft zu geben – / gemäß *meinem Evangelium und* der Botschaft von Jesus Christus, / gemäß der Offenbarung jenes Geheimnisses, / das seit ewigen Zeiten unausgesprochen war, jetzt aber nach dem Willen des ewigen GOTTES offenbart / und durch *prophetische Schriften* kundgemacht wurde, / um alle Heiden zum Gehorsam des Glaubens zu führen." (Röm 16,25–26)

Durch die Aussage: „gemäß *meinem Evangelium und* der Botschaft von Jesus Christus", hebt Paulus die zusätzlichen Inhalte seiner eigenen Botschaft hervor. Es erscheint mir zudem wahrscheinlich, dass Paulus bei den „*prophetischen* Schriften", die „kundgemacht wurde(n), / *um alle Heiden zum Gehorsam des Glaubens zu führen*" (Röm 16,26), sich auf seine Briefe bezieht und nicht auf das Evangelium. Denn der „Gehorsam des Glaubens" ist eine wesentliche und eigene Lehre des Paulus, der damit aus „zwei" (Glaube und Gehorsam) „eins" macht (Gehorsam des Glaubens).

Dass Paulus sich selber als Prophet sah, deutet er auch an folgender Stelle an: „Als aber GOTT, DER *mich schon im Mutterleib auserwählt* und durch SEINE Gnade berufen hat, mir in SEINER Güte SEINEN Sohn offenbarte, damit ich ihn unter den Heiden verkündige, da zog ich keinen Menschen zu Rate." (Gal 1,15–16)

Denn dies entspricht den Worten GOTTES über den Propheten Jeremia: „*Noch ehe* ICH *dich im Mutterleib formte*, habe ICH dich ausersehen, noch ehe du aus dem Mutterschoß hervorkamst, habe ICH dich geheiligt, zum Propheten für die Völker habe ICH dich bestimmt." (Jer 1,5)

Zudem ist die Aussage, „da zog ich keinen Menschen zu Rate", eine Feststellung, welche nur ein Prophet treffen dürfte. Nur wer den unmittelbaren Rat von GOTT bekommt, könnte in entsprechenden Situationen auf den Rat anderer Menschen verzichten.

Die Briefe von Paulus enthalten auch zu viel Neues, um Paulus ausschließlich als einen Verkünder des Evangeliums Christi zu betrachten oder seine Briefe als „fünftes" Evangelium. Durch die Eingliederung seiner Briefe in die Bibel, in der sich ausschließlich das Wort GOTTES befinden sollte, und deren Lesung als „Wort GOTTES", wird Paulus zugedacht, ein Prophet zu sein.

Ich möchte den Auftrag von Paulus, den Namen GOTTES vor alle Völker zu tragen, gemäß der Apostelgeschichte 9,1–22, nicht abstreiten. Den Anspruch von Paulus, seine darüber hinaus getroffenen Worte wären das Wort GOTTES, bitte ich aufgrund der Widersprüche, die ich zu zeigen versuchte, zu überdenken.

Paulus sagt: „Darum danken wir GOTT unablässig dafür, dass ihr das Wort GOTTES, das ihr *durch unsere Verkündigung* empfangen habt, nicht als Menschenwort, *sondern – was es in Wahrheit ist –* als GOTTES *Wort* angenommen habt; und jetzt ist es in euch, den Gläubigen, wirksam." (1 Thess 2,13)

Paulus sieht sich meines Erachtens an der Stelle, die gemäß dem Johannes-Evangelium (vgl. Joh 16,7–15) Prophet Muhammad zustehen sollte: dem Vollender der Verkündigung.
Paulus sagt: „Aber der HERR stand mir zur Seite und gab mir Kraft, *damit durch mich die Verkündigung vollendet wird* und alle Heiden sie hören; und so wurde ich dem Rachen des Löwen entrissen." (2 Tim 4,17)

Fazit: Wenn die Erfüllung der Prophezeiung das Kriterium ist, einen Propheten als solchen anzuerkennen, dann wäre es nach meinem Dafürhalten naheliegend, neben Moses und den Propheten Israels, auch Jesus Christus und Prophet Muhammad als Gesandte GOTTES zu erkennen, und deren Wort als Wort GOTTES anzunehmen.

Juden und Christen lesen „die Bibel". Wäre es nicht gerecht, wenn beide Religionsgemeinschaften sich betreffend deren „Umfang" gleichermaßen geirrt hätten?

Denn was Juden gemäß dieser Erklärung zu wenig lesen, sind die vier Evangelien nach Matthäus, Markus, Lukas und Johannes sowie die Apostelgeschichte, also ungefähr die eine Hälfte des „Neuen Testament".

Was Christen demzufolge zu viel lesen, wäre die andere Hälfte des „Neuen Testament", die Briefe des Paulus, die katholischen – d.h. universalen – Briefe und die Johannesoffenbarung.

Die Begriffe „Altes Testament" und „Neues Testament" wären auch hinfällig, da ein „Neues Testament" nicht ein „Altes Testament" aufgehoben hat.

b) Was als Verpflichtung auf alle Propheten verstanden werden kann, kann auch auf Jesus Christus im Besonderen bezogen werden.

Wie besprochen hebt die Tora die Wichtigkeit hervor, auf alle Propheten GOTTES zu hören:

„Einen Mann aber, der nicht auf MEINE Worte hört, die der Prophet in MEINEM Namen verkünden wird, ziehe ICH selbst zur Rechenschaft." (Dtn 18,19)

Zuvor sagt Moses: „Einen Propheten wie mich wird dir der HERR, dein GOTT, aus deiner Mitte, unter deinen Brüdern, erstehen lassen. *Auf ihn sollt ihr hören.*" (Dtn 18,15)

Dies ist die exakte Vorwegnahme der Worte GOTTES, die sich gleich in drei der vier Evangelien wiederfinden:

„Das ist MEIN geliebter Sohn, an dem ICH Gefallen gefunden habe, *auf ihn sollt ihr hören.*" (Mt 17,5)

„Das ist MEIN geliebter Sohn, *auf ihn sollt ihr hören.*" (Mk 9,7)

„Das ist MEIN auserwählter Sohn, *auf ihn sollt ihr hören.*" (Lk 9,35)

Wer an Jesus Christus und das Evangelium glaubt, sollte bedenken, dass GOTT genau die Worte der Tora wiederholt, wenn ER im Evangelium gleich dreimal sagt: *„auf ihn sollt ihr hören."*

Denn Moses spricht von einem „Propheten wie mich" (Dtn 18,15) und nicht von einer Inkarnation GOTTES. Dass sich diese Stelle auf Jesus Christus bezieht, bestätigen die Apostel Petrus und Stephanus. (vgl. Apg 3,22; 7,37)

Das Zeugnis des Apostels Stephanus ist dabei von besonderer Wichtigkeit. Denn seine Rede war vor Gericht, und Jesus Christus sagt im Evangelium: „Wenn man euch vor Gericht stellt, macht euch keine Sorgen, wie und was ihr reden sollt; denn es wird euch *in jener Stunde* eingegeben, was ihr sagen sollt. Nicht ihr werdet dann reden, sondern der GEIST eures VATERS wird *durch* euch reden." (Mt 10,19–20)

Diese Aussage ist in doppelter Hinsicht wichtig. Zum einen verdeutlicht sie noch einmal, wie GOTT *durch* einen Menschen sprechen kann: durch den HEILIGEN GEIST. Zum anderen verdeutlicht sie aber auch, dass ein großer Unterschied besteht zwischen Jesus Christus und den Jüngern, *die nur in besonderen Situationen auf den Beistand des HEILIGEN GEISTES hoffen durften.* Doch vor Gericht, wie im Falle der Rede des Stephanus, spricht GOTT durch den Apostel. In dieser Rede bezeugt Stephanus noch einmal, dass Jesus Christus in der Tora *als Prophet wie Moses* angekündigt wird. (vgl. Apg 7,37; Dtn 18,15) Jesus selbst weist ausdrücklich auf seine Ankündigung durch Moses im Evangelium hin: „Wenn ihr Mose glauben würdet, müsstet ihr auch mir glauben; denn über mich hat er geschrieben." (Joh 5,46)

Jesus Christus wird auch im Evangelium als Prophet bezeichnet, als seine Jünger nach seiner Auferstehung mit ihm sprechen, ohne ihn zu erkennen: „Sie antworteten ihm: Das mit Jesus aus Nazaret. *Er war ein Prophet,* mächtig in Wort und Tat vor GOTT und dem ganzen Volk." (Lk 24,19)

Auch sich selber bezeichnet Jesus als Prophet:
„Am Sabbat lehrte er in der Synagoge. Und die vielen Menschen, die ihm zuhörten, staunten und sagten: Woher hat er das alles? Was ist das für eine Weisheit, die ihm gegeben ist! Und was sind das für Wunder, die durch ihn geschehen! Ist das nicht der Zimmermann, der Sohn der Maria und der Bruder von Jakobus, Joses, Judas und Simon? Leben nicht seine Schwestern hier unter uns? Und sie nahmen Anstoß an ihm und lehnten ihn ab. Da sagte Jesus zu ihnen: Nirgends hat *ein Prophet* so wenig Ansehen wie in seiner Heimat, bei seinen Verwandten und in seiner Familie. Und er konnte dort kein Wunder tun; nur einigen Kranken legte er die Hände auf und heilte sie." (Mk 6,2–5)

Fazit: Juden und Christen könnten sich in der Mitte treffen, indem Juden Jesus Christus als den durch Moses angekündigten Messias (hebr./arab. für „Gesalbter"; auf gr. „Christus") anerkennen und Christen in Jesus einen Menschen und Propheten sehen. Als solcher wird er in der Tora und dem Koran hervorgehoben und als solcher wird er auch im Evangelium bezeichnet.

Prophet Muhammad wiederum könnte von Juden und Christen als abschließender Prophet angenommen werden, während Muslime an die vorangegangenen Schriften „glauben" könnten, indem sie diese als verbindliches und unverfälschtes Wort GOTTES annehmen, lehren und beachten.

Zusammenfassung von Kapitel III:

Nach meiner Auffassung verweisen:

– Moses und die Tora auf alle Propheten, deren Prophezeiungen eingetroffen sind, und damit auch auf das Evangelium und den Koran, aber auf Jesus Christus und das Evangelium im Besonderen.

– Jesus Christus und das Evangelium auf das Gesetz und alle Propheten Israels, aber auf Prophet Muhammad und den Koran im Besonderen.

– Prophet Muhammad und der Koran auf alle Propheten GOTTES, aber auf die Tora und das Evangelium im Besonderen.

Grafische Zusammenfassung einiger Schwerpunkte innerhalb der Heiligen Schriften:

GOTT

Koran:
GOTTES-Dienst
⇨ *Frieden*
„GOTTES-Diener"
GOTTES-Furcht
und *Tag des Gerichts*

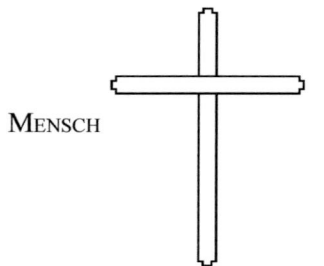

MENSCH

Evangelium:
Dienst am Nächsten
⇨ *Liebe*
„GOTTES-Kinder"
GOTTES-Ehre
und *HEILIGER GEIST*

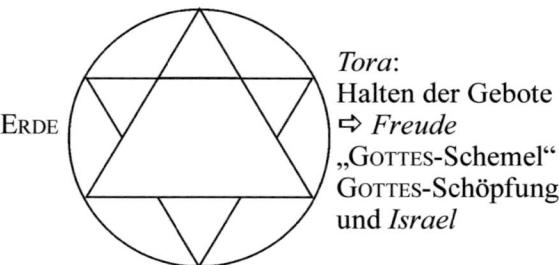

ERDE

Tora:
Halten der Gebote
⇨ *Freude*
„GOTTES-Schemel"
GOTTES-Schöpfung
und *Israel*

Nachwort

Je mehr die Heiligen Schriften unter den vorangegangenen Überlegungen betrachtet werden, umso mehr kann
deren Verbindung deutlich werden und sich alles widersprüchlich Erscheinende auflösen.

Die Schriften können als harmonisierendes System erlebt
werden, das viele Fragen beantworten und in vielen Situationen eine Stütze sein kann, (ge-)rechte Entscheidungen
zu treffen. Dabei sind die Anteile, in der die eine oder die
andere Schrift hilfreich ist, völlig ausgeglichen.
Die Schriften in ihrer Gesamtheit anzunehmen, bedeutet
nach meinem Dafürhalten aber nicht nur den entscheidenden Schritt für den individuellen Frieden, sondern auch
für den Frieden in dieser Welt insgesamt.

Wie viele Konflikte wären ihrer Grundlage enthoben,
gerade in diesen Tagen, in denen so viel Unrecht im
Namen der Religion geschieht?

Und welcher Segen wäre es, wenn alle gläubigen Menschen zusammenhielten, anstatt sich im Streit gegenein-
ander aufzureiben?

Ich hoffe, eine Anregung gegeben zu haben, die es ermöglichen wird, die Tora und die Propheten Israels, das
Evangelium und den Koran als unverfälschtes und zusam-
menhängendes Wort GOTTES zu verstehen.

Haben Sie Fragen, Kommentare oder Anregungen?
Bitte schreiben Sie an: se.eds@web.de

Der Friede und die Gnade des GÜTIGEN, ALLMÄCHTIGEN
und ALLWISSENDEN HERRN, der alles in SEINER Weisheit
bestimmt und ausführt, sei mit Ihnen.

Anhang zur 3. Auflage

Buch Daniel

Eine Entdeckung, die ich im Buch Daniel machen konnte, möchte ich Ihnen nicht vorenthalten. Im Buch Daniel befindet sich eine Fülle von Prophezeiungen, die auf spätere heute geschichtlich nachvollziehbare Ereignisse bezogen werden können. Das Buch Daniel ist damit eine besondere Gelegenheit, um die Heilige Schrift als lebendiges Wort GOTTES erleben zu können.

Es könnte aber natürlich auch die Vermutung aufkommen, die Prophezeiungen wären im Nachhinein verfasst worden. Zumal die Entstehung des Buch Daniels bis ins zweite Jahrhundert v. Chr. datiert wird.

Die Prophezeiung, auf die ich aufmerksam geworden bin, erfüllte sich allerdings erst in den Jahren 284–324 n. Chr., und kann damit auf keinen Fall nachträglich geschrieben worden sein. Über viele im Buch Daniel prophezeiten Ereignisse sind sich die verschiedenen Religionsgemeinschaften in deren Auslegung heute einig. So zum Beispiel die Bedeutung der vier Tiere im Buch Daniel (7 ff.), als die vier großen Weltreiche Babylonien, Persien, Makedonien und Rom.

Wenn im Buch Daniel (7 ff.) anschließend bezüglich dem Römischen Reich ein sehr geheimnisvoll umschriebenes Reich angedeutet wird, welches daraus hervorgeht, so gehen die Erklärungsversuche jedoch weit auseinander.

Doch besonders an dieser Stelle bin ich aufmerksam geworden, denn es heißt: „In jenem Reich werden zehn Könige regieren; doch nach ihnen kommt ein anderer. Dieser ist ganz anders als die früheren. Er stürzt drei Könige, er lästert über den HÖCHSTEN und *unterdrückt die Heiligen des HÖCHSTEN. Die Festzeiten und das Gesetz will er ändern.*" (Dan 7,24–25)

Vor allem der letzte Satz erinnert mich sehr an die Anweisung von Kaiser Konstantin, welche ich bereits zitierte:

„Konstantin August an die Gemeinden. Als beim Konzil von Nicäa die Frage des heiligen Festes Ostern aufkam, wurde einstimmig beschlossen, dass dieses Fest von allen und überall am gleichen Tag gefeiert werden sollte. Denn es erschien jedem eine äußerst unwürdige Tatsache, dass wir in diesem äußerst heiligen Fest den Gewohnheiten der Juden folgen sollten, welche – verdorbene Schufte! – ihre Hände befleckt haben mit einem ruchlosen Verbrechen. Es ist nur gerecht, dass sie in ihrem Sinn erblindet sind. *Es ist daher passend, wenn wir die Praktiken dieses Volkes zurückweisen und in aller Zukunft das Begehen dieses Festes auf eine legitimere Art feiern. Lasst uns also nichts gemeinsam haben mit diesem äußerst feindlichen Pöbel der Juden.*" (zitiert nach Harald Eckert, Rede über 1000 Jahre Antisemitismus am 26.08.2000, im Internet URL http://www.jerusalem-schalom.de/1000jahre.htm, abgerufen am 03.08.2006)

Die Worte des Kaisers Konstantin würden genau auf die Beschreibung jenes Königs passen, welcher *„die Heiligen des HÖCHSTEN"* unterdrückt und die *„Festzeiten und das Gesetz"* ändern will. Zudem entspringt dessen Reich dem Römischen Reich.

Als ich mich nach dieser Überlegung auf die Suche beging, was andere Religionsgemeinschaften zu dieser Stelle sagen, und was die Geschichtsbücher hierzu erkennen lassen, kam ich auf ein überraschendes Ergebnis.Denn ich konnte keinen schriftkundigen Autor finden, der die hier angekündigte Person auf Kaiser Konstantin bezieht. Die in der Prophezeiung angedeuteten Gegebenheiten um diese Person stimmen jedoch in kaum zu überbietender Genauigkeit mit den geschichtlichen Ereignissen vor, während, und nach der Machtübernahme durch Kaiser Konstantin überein.

Zunächst zu der Beschreibung im Buch Daniel. In einer Vision werden vier Tiere beschrieben (Dan 7,1 ff), welche in weitgehend übereinstimmender Deutung auf die vier großen Weltreiche von Babylonien, Persien, Makedonien und Rom hinweisen. Das darin beschriebene vierte Tier – ich sage dies ebenso in Übereinstimmung mit den meisten anderen Deutungsansätzen, die ich finden konnte – stellt das Römische Reich dar. Darüber wird berichtet: „Danach sah ich in meinen nächtlichen Visionen ein viertes Tier; es war furchtbar und schrecklich anzusehen und sehr stark; es hatte große Zähne aus Eisen. Es fraß und zermalmte alles, und was übrig blieb, zertrat es mit den Füßen. Von den anderen Tieren war es völlig verschieden. Auch hatte es zehn Hörner. Als ich die Hörner betrachtete, da wuchs zwischen ihnen ein anderes, kleineres Horn empor und vor ihm wurden drei von den früheren Hörnern ausgerissen; und an diesem Horn waren Augen wie Menschenaugen und ein Maul, das anmaßend redete." (Dan 7,7–8)

„Der (Engel) antwortete mir: Das vierte Tier bedeutet: Ein viertes Reich wird sich auf der Erde erheben, ganz anders als alle anderen Reiche. Es wird die ganze Erde verschlingen, sie zertreten und zermalmen. Die zehn Hörner bedeuten: *In jenem Reich werden zehn Könige regieren; doch nach ihnen kommt ein anderer. Dieser ist ganz anders als die früheren. Er stürzt drei Könige, er lästert über den Höchsten und unterdrückt die Heiligen des HÖCHSTEN. Die Festzeiten und das Gesetz will er ändern.*" (Dan 7,23–25)

Eckpfeiler in dieser Prophezeiung wären also: Römisches Reich (entsprechend der Deutung) ⇨ zehn Könige ⇨ ein elfter König stürzt drei der zehn Könige.

In der Internet-Enzyklopädie Wikipedia stieß ich auf eine sehr interessante Tabelle über die römischen Kaiser. Nachdem bereits eine Vielzahl römischer Kaiser regiert hatte, kam es zu einer neuen Epoche, der „Spätantike".

Kaiser Diokletian leitete diese Epoche mit der Einführung einer neuen Regierungsform ein, der „Tetrarchie", in der die höchste Macht auf vier Regenten verteilt wurde.

Spätantike

Kaiser	Vollständiger Name	Regierungszeit	Anmerkungen
		Tetrarchie	
Diokletian [1]	Diocles, Gaius Aurelius Valerius Diocletianus	284–305	führte umfangreiche Reformen durch (Beginn der Spätantike); trat nach 20 Jahren freiwillig zurück
Domitius Domitianus	Lucius Domitius Domitianus	297–298	Gegenkaiser in Ägypten, Todesursache unklar
Maximian [2]	Marcus Aurelius Valerius Maximianus	285–286 *(Caesar)* 286–305 307–308 310	*Kaiser* im Westen, zum Rücktritt gezwungen
Carausius	Marcus Aurelius Mausaeus Carausius	286–293	Gegenkaiser im britischen Sonderreich, ermordet
Allectus	unbekannt	293–296	Gegenkaiser im britischen Sonderreich, gefallen
Galerius [3]	Gaius Galerius Valerius Maximianus	293–305 *(Caesar)* 305–311	Kaiser im Osten, schlug die Sassaniden
Constantius I. [4]	Flavius Valerius Constantius	293–305 *(Caesar)* 305–306	*Kaiser* im Westen, eroberte Britannien zurück
Severus [5]	Flavius Valerius Severus	305–306 *(Caesar)* 306–307	*Kaiser* im Westen, ermordet
Maximinus Daia [6]	Gaius Galerius Valerius Maximinus	305–310 *(Caesar)* 310–313	*Kaiser* im Osten, Todesursache unklar
Licinius [7]	Gaius Valerius Licinianus Licinius	307–324	*Kaiser* im Osten, von Konstantin I. hingerichtet
Valerius Valens [8]	Aurelius Valerius Valens	316–317	*Mitkaiser* des Licinius, hingerichtet
Licinianus Licinius [9]	Flavius Valerius Licinianus Licinius	317–324	Sohn und *Mitkaiser* des Licinius, starb in Gefangenschaft
Martinianus [10]	(? Sextus Marcius) Martinianus	324	*Mitkaiser* des Licinius, hingerichtet
Maxentius *[nicht anerkannt]*	Marcus Aurelius Valerius Maxentius	306–312	Sohn Maximians, nach Schlacht ertrunken
Domitius Alexander	Lucius Domitius Alexander	308–309	Gegenkaiser in Africa, hingerichtet
Konstantinische Dynastie			
Konstantin I. [11]	Flavius Valerius Constantinus	306–337	förderte das Christentum und gründete Konstantinopel

Einheit der Schrift 151

Beim Durchzählen der Kaiser und Mitkaiser [ich habe das in eckigen Klammern in die Tabelle bereits mit eingefügt], ergibt sich seit der Einführung der neuen Regierungsform der Tetrarchie durch Diokletian bis zu deren Abschaffung durch Kaiser Konstantin, genau die Anzahl von elf. Der selbst ernannte und nicht anerkannte „Kaiser" Maxentius darf dabei nicht mitgezählt werden: „Als der Augustus Constantius Chlorus 306 starb, wurde sein Sohn Konstantin von den Truppen zum Augustus ausgerufen, gleichzeitig *machte sich* Maxentius, der Sohn Maximians, in Rom zum (*nicht anerkannten*) Augustus [Kaiser]." (aus Wikipedia-online; URL: http://de.wikipedia.org/wiki/römische_Tetrarchie vom 6. Juni 2007 um 10:10; abgerufen am 26.07.2007)

Als Maxentius sich selber zum Kaiser ernannte, gab es bereits vier rechtmäßige Kaiser. Die Anerkennung des weltlichen Gesetzes ist vor GOTT sehr wichtig. Dies mag als Lehre in der Prophezeiung Daniels mitenthalten sein, da Maxentius nicht als Kaiser mitgezählt wird, welcher er auch rechtmäßig nicht war.

Noch eindrucksvoller in der Entsprechung der Prophezeiung Daniels zu den geschichtlichen Gegebenheiten erscheint mir das Ende der Tetrarchie, in welcher Kaiser Konstantin seine drei Mitteilhaber an der obersten Macht des Römischen Reiches ausschaltet und das Römische Reich wieder zu einer Monarchie werden lässt.

Die römische Tetrarchie hatte demzufolge elf legitime Kaiser und Mitkaiser. Die Staatsform der Tetrarchie wurde durch einen der elf, Kaiser Konstantin I., wieder in die Monarchie zurückgeführt. Kein geschichtlicher Zusammenhang entspricht meiner Überzeugung besser den prophetischen Andeutungen, wenn es heißt: „Auch hatte es [das Tier, welches das Römische Reich darstellt] zehn Hörner. Als ich die Hörner betrachtete, da wuchs zwischen ihnen ein anderes, kleineres Horn empor und vor ihm wurden drei von den früheren Hörnern ausgeris-

sen; und an diesem Horn waren Augen wie Menschenaugen und ein Maul, das anmaßend redete." (Dan 7,7–8)
„Der (Engel) antwortete mir: Das vierte Tier bedeutet: Ein viertes Reich wird sich auf der Erde erheben, ganz anders als alle anderen Reiche. Es wird die ganze Erde verschlingen, sie zertreten und zermalmen. Die zehn Hörner bedeuten: In jenem Reich werden zehn Könige regieren; doch nach ihnen kommt ein anderer. Dieser ist ganz anders als die früheren. Er stürzt drei Könige, er lästert über den Höchsten und unterdrückt die Heiligen des Höchsten. Die Festzeiten und das Gesetz will er ändern." (Dan 7,23–25)

Was hat das zu bedeuten?
Die Aufhebung des Gesetzes, sowie die Änderung der biblischen Bräuche, Riten und Feiertage – ich versuchte dies zu zeigen, das Buch Daniel ist hierfür nur ein weiterer Hinweis – ist theologisch nicht gerechtfertigt. Die „jüdischen Bräuche", gegen die Kaiser Konstantin I. sich ereiferte, sind ja zumeist „biblische Bräuche". Es sollte eigentlich keinen Grund geben anders vorzugehen, als wie es die Bibel beschreibt. Ich sehe im Gegensatz zu vielen außerkatholischen christlichen Deutungsversuchen dieser Prophezeiung Daniels über das anmaßend sprechende elfte „Horn" allerdings nicht das „päpstliche Rom". Kaiser Konstantin I. ist nicht das „päpstliche Rom", aber er hat die Kirche, nicht nur die Römische, weitreichend bis heute beeinflusst.

Anmerkung zum Konzil von Nicäa

Kaiser Konstantin I war auch maßgeblich verantwortlich für die Einführung des Glaubens an die Trinität.

Auf dem Ersten Konzil von Nicäa (325 n.Chr.) wurden die Befürworter einer rein menschlichen Natur Jesu, benannt nach deren führendem Anhänger Arius – Arianer – exkommuniziert und verbannt.

„Arius argumentierte aus der Position einer absolut monotheistischen Theologie, die keinerlei Verletzung der Einheit und Einzigkeit GOTTES zulassen dürfe. Folgerichtig sprach er der Person Jesu Christi die GOTTHEIT ab, und wies ihr nur die Rolle des vornehmsten aller Geschöpfe zu [...]. Die trinitarische Partei hielt an der GÖTTLICHKEIT Christi fest. *Sie war zu Beginn in der Minderheit, hatte aber bezüglich Begabung und Einfluss mehr Gewicht.* An der Spitze standen die Patriarchen Alexander von Alexandria, Eustathius von Antiochia und Makarius von Jerusalem, dazu Ossius von Córdoba, der Hofbischof, und insbesondere der junge Erzdiakon Athanasius von Alexandria, der zwar weder Sitz noch Stimme hatte, aber sich bezüglich Beharrlichkeit, Argumentation und Eifer auszeichnete. Sie argumentierten mit dem Begriff homoousios, eines Wesens (Wesensgleichheit). [...] Da auf der einen Seite die arianische Seite für jeden biblischen Ausdruck, den die trinitarische Seite vorschlug, eine ihnen gemäße Interpretation fand, und auf der anderen Seite die Trinitarier nicht bereit waren, die Entscheidung durch ein doppeldeutiges Bekenntnis weiter offen zu lassen, *stimmte der Kaiser ausdrücklich für den von Arius zurückgewiesenen Ausdruck wesenseins* (griechisch homoousios, lateinisch consubstantialis (von gleicher Substanz)), *und ordnete an, das Bekenntnis entsprechend zu überarbeiten.*[...] Die [das Bekenntnis] überarbeitende Gruppe unter Ossius von Córdoba *hat sich nicht mit dem Einfügen eines Worts begnügt sondern ziemlich alle Formeln ein-*

gefügt, gegen die sich die Arianer in den letzten Jahren gestellt hatten. [...] Das Konzil betonte, *dass der Sohn Person der Dreieinigkeit sei, und nicht Teil der Schöpfung.* Dazu kam ein Zusatz, der die arianische Häresie ausdrücklich verurteilt.“

Die ursprünglich gegenüber der trinitarischen Seite sich in der Mehrheit befindenden Arianer wurden also letztlich als Häretiker (Ketzer; Irrgläubige) bezeichnet, und aus der Kirche ausgeschlossen.
„Praktisch alle Bischöfe unterschrieben das von Ossius vorgeschlagene nicäische Glaubensbekenntnis, zuerst Ossius und nach ihm die beiden römischen Presbyter im Namen ihres Bischofs. Auch [der Arianer] Eusebius von Caesarea unterschrieb nach einem Tag Bedenkzeit und verteidigte seine Unterschrift in einem Brief an sein Bistum. Eusebius von Nikomedia und Theognis von Nicäa unterschrieben das Bekenntnis, jedoch ohne den Zusatz der Verdammung der Arianer, und wurden dafür abgesetzt und für eine Zeit verbannt, schlossen sich aber schließlich den Beschlüssen des Konzils an.
Nur zwei ägyptische Bischöfe, Theonas und Secundus weigerten sich konsequent zu unterschreiben und wurden mit Arius nach Illyrien verbannt. *Die Bücher von Arius wurden verbrannt, der Besitz seiner Schriften unter Todesstrafe gestellt, und seine Partei als Feinde der Christenheit bezeichnet.* [...]“
Der Arianer Eusebius, der das trinitarische Bekenntnis mit unterzeichnet hatte, schrieb zu einem späteren Zeitpunkt an Kaiser Konstantin: *„Wir handelten sündig, o Fürst, als wir aus Furcht vor Euch einer Blasphemie zustimmten.“*
(alle Zitate in dieser Anmerkung aus Wikipedia-online; URL: http://de.wikipedia.org/wiki/Erstes_Konzil_von_ Nicäa vom 18. Juli 2007 um 19:37; abgerufen am 01.08.2007)

Quellenangaben

Die Bibel, „Einheitsübersetzung", Freiburg, 2001,
3-451-28000-0

Der Koran, arabisch-deutsch, aus dem Arabischen von
Max Henning, überarbeitet von Murad Wilfried Hofmann, München, 2001, 3-7205-2188-5

Muhammad, Martin Lings, Kandern, 2000,
3-927606-42-1

Das Leben des Propheten, Ibn Ishaq, Kandern, 1999,
3-927606-40-5

ALLAHS Gesandter hat gesagt..., Herausgegeben von
Ahmad von Denffer, Lützelbach, 1984,
3-88933-015-0

Von der Sunna des Propheten, Köln, 1994,
3-8217-0105-6

Wie Juden leben, Israel M. Lau, Gütersloh, 2005,
3-579-02155-9

GOTTES-Lob, Katholisches Gebets- und Gesangsbuch,
München, 1975, 3-934025-05-6

*Christen und Muslime – Was sie verbindet, was sie unter-
scheidet*, Dr. Andreas Renz, Prof. Dr. Stephan Leimgruber, München, 2004, 3-466-36647-X

Fischer Weltgeschichte, digitale Ausgabe, Berlin, 2004,
3-89853-519-3

2000 Jahre christliche Sexualmoral, Georg Denzler,
Weyarn, 1997, 3-932131-04-5

Das Barnabas-Evangelium, Kandern, 1994

Neuerscheinung im EdS-Verlag:

Juden und Palästinenser – die zwei und die zehn (doch nicht verlore-
nen!) Stämme, und der Tempel Israels. Broschüre